大概念教学下的深度课堂

以高中历史教学为例

陈大斌　陈正武　隆长义　著

北方文艺出版社

哈尔滨

图书在版编目（CIP）数据

大概念教学下的深度课堂：以高中历史教学为例 /
陈大斌，陈正武，隆长义著 . -- 哈尔滨：北方文艺出版
社，2024.6. -- ISBN 978-7-5317-6268-3

Ⅰ . G633.512

中国国家版本馆 CIP 数据核字第 2024812DF3 号

大概念教学下的深度课堂：以高中历史教学为例

DAGAINIAN JIAOXUEXIA DE SHENDU KETANG YI GAOZHONG LISHI JIAOXUE WEILI

作　　者 / 陈大斌　陈正武　隆长义

责任编辑 / 富翔强　　　　　　　　　　封面设计 / 青　青

出版发行 / 北方文艺出版社　　　　　　邮　　编 / 150008

发行电话 / （0451）86825533　　　　　经　　销 / 新华书店

地　　址 / 哈尔滨市南岗区宣庆小区 1 号楼　网　　址 / www.bfwy.com

印　　刷 / 天津和萱印刷有限公司　　　　开　　本 / 710mm×1000mm　1/16

字　　数 / 200 千　　　　　　　　　　印　　张 / 12.75

版　　次 / 2024 年 6 月第 1 版　　　　　印　　次 / 2024 年 6 月第 1 次印刷

书　　号 / ISBN 978-7-5317-6268-3　　定　　价 / 88.00 元

编委会

主 编

陈大斌　陈正武　隆长义

副主编

李　应　陶红英　唐　伟
冯小东　杨　政　钟永凤

编　委（按姓氏音序）

作者简介

陈大斌：重庆市丰都中学科研处主任、历史正高级教师，重庆市特级教师，重庆市"四史"教育历史课程创新基地主持人，重庆市高中历史学科名师，重庆市学科带头人培养对象，重庆市高中历史骨干教师，丰都县陈大斌高中历史"名师工作室"主持人，重庆市教育科学"十三五""十四五"规划项目评审专家库成员。重庆市基础教育教研项目评审专家库成员，重庆市高评委专家库成员，重庆市教师资格面试考官，重庆市教育学会中学历史专委会第四届理事会、重庆市历史学会历史教学研究会第八届理事会学术委员会委员，丰都县教育学会历史专委会理事长，丰都县学术带头人。渝东北教师发展共同体专家库成员。有3项教学成果获得重庆市政府表彰、有5项科研成果获得重庆市教委表彰。主持、主研国家级、市级课题20项，其中结题15项。编写专著1部，主编1部，参编著作6部，公开发表论文30余篇。被西南大学历史文化学院、民族学院聘请为专业学位硕士生导师、被四川师范大学历史文化与旅游学院聘请为学科教学（历史）专业学位硕士研究生导师，被长江师范学院政治与历史学院聘请为兼职教授。

陈正武：男，49岁，中共党员，西南师范大学思想政治教育专业本科毕业，中学政治高级教师，重庆市高中思想政治学科教育教学评审专家库入选专家。担任主研并已结题的国家级重点课题2个、市级重点课题1个、一般课题1个、市级精品课程2个，其中目前还担任着市级精品课程《心灵成长》的主持人。多篇教育教学论文正式发表，多次参加市县级优质课大赛，曾荣获丰都县中学思想政治优质课和中小学法治教育优质课竞赛一等奖、市级二等奖，教学科研成果显著，荣获过重庆市教委示范性普通高中建设研究课题成果二等奖、重庆市人民政府颁发的"重庆市教学成果二等奖""丰都县高考工作先进个人""丰都县先进教育工作者""丰都县质量兴教先进个人"，丰都县教育系统"优秀共产党员"，丰都县中小学德育工作先进个人等荣誉称号。

隆长义：思想政治正高级教师，大学本科，中共党员。重庆市高中思想政治学科带头人、重庆市学科名师、重庆市骨干教师、重庆市优秀教研组长、全国伦理学会优秀实验教师、中央教科所先进实验教师。重庆市规划办课题评审专家库专家，重庆市教育教学评审专家库入库专家，重庆市公招考试面试官。2017年荣获重庆市政府教学成果二等奖和三等奖；2009年荣获市政府教学成果三等奖，2011年荣获本市政府社科成果三等奖；2019年荣获重庆市教委民族团结教育一等奖、2011年获重庆市教育著述二等奖2010年本重庆市科研成果二等奖、2019年获市科研成果三等奖2010年科研成果三等奖、2001年科研成果优秀奖。主持市级以上课题两项，主研30项。著有教学专著1部，主编4部，编著6部。公开发表论文30多篇，其中核心期刊4篇。参加市级赛课荣获一等奖三次，县级赛课多次。撰写论文荣获市级以上奖励30多次。

前言

在当今信息爆炸、知识更新日益加快的时代，传统的历史教学模式已经难以满足学生全面发展的需求。如何在有限的课时内，帮助学生理解历史知识的内在联系，培养学生的历史思维能力，成为摆在广大历史教师面前的一项重要课题。大概念教学作为一种新兴的教学理念和方法，为解决这一问题提供了新的思路。

大概念教学强调从知识的内在逻辑出发，挖掘学科核心概念，将分散的知识点整合成有机的知识体系，引导学生建构起完整的知识框架。这种教学模式不仅有利于学生深入理解历史知识，还能培养学生的历史思维能力，提高学生分析问题和解决问题的能力。同时，大概念教学也为课堂教学改革提供了新的契机，推动教学从以教师为中心向以学生为中心转变，激发学生的学习兴趣和主动性，实现教学相长。

然而，大概念教学在实践中仍面临诸多挑战。如何选取和梳理历史大概念？如何将大概念与具体的历史知识相整合？如何在课堂教学中落实大概念教学？这些都是摆在一线教师面前的现实问题。为此，我们组织国内一线名师，历经数年潜心研究，博采众长，完成了这本《大概念教学下的深度课堂：以高中历史教学为例》。

本书共分为七章，系统阐述了大概念教学的基本理论、概念构建、教学设计、课堂实践、跨学科整合以及教师专业发展等内容，力求为广大一线教师提供全面、具体、可操作的指导。

第一章主要介绍大概念教学的定义与特点，分析大概念教学在高中历史教学中的适用性，阐释深度课堂的概念及其与大概念教学的关系。大概念教学不同于传统的知识点教学，它强调抓住学科核心概念，引导学生建构完整的知识体系。深度课堂则是大概念教学理念在课堂教学中的具体体现，强调以学生为中心，注重培养学生的核心素养。二者相辅相成，为推动高中历史教学改革指明了方向。

第二章重点探讨如何在教学中构建大概念。大概念教学并非简单地照本宣科，而是需要教师深入挖掘历史知识的内在逻辑，选取那些能够涵盖一定范围知识点、反映历史本质规律的核心概念。同时，教师还要结合学情，因材施教，将大概念与具体的历史知识相整合，帮助学生建立系统完整的知识框架。

第三至第五章主要讨论大概念教学在深度课堂中的实施策略。深度课堂强调发挥学生的主体性，引导学生开展探究式、合作式、个性化学习。教师要根据大概念的特点和教学目标，灵活运用多样化的教学方法，如头脑风暴、小组讨论、角色扮演、项目学习等，激发学生的学习热情，培养学生的核心素养。此外，教师还要注意跨学科整合，拓宽学生的知识视野。

第六章探讨了大概念教学对教师专业素养的要求。大概念教学对教师的学科素养、教学设计能力、组织管理能力等提出了更高的要求。教师要主动学习，与时俱进，不断提升自身专业素养，才能更好地实施大概念教学。同时，大概念教学也为教师专业发展提供了新的路径和契机。

第七章展望了大概念教学在高中历史教学中的发展趋势。随着课程改革的不断深入，大概念教学必将在高中历史教学中得到广泛应用。教师要主动拥抱变革，积极探索大概念教学的实施策略，不断反思和改进教学实践，推动高中历史教学不断迈上新台阶。

总之，大概念教学是顺应信息时代教育发展趋势，培养学生核心素养的重要途径。本书立足教学一线，从理论到实践，全面系统地阐述了大概念教学在高中历史教学中的应用，为广大教师提供了丰富的理论指导和实践借鉴。我们衷心希望这本书能为高中历史教学改革贡献绵薄之力，推动高中历史教学不断创新发展。

我们由衷感谢所有参与本书编写的老师，是你们的智慧结晶让本书最终得以完成。我们也感谢各位专家、学者和同行的宝贵意见，你们的真知灼见让本书臻于完善。同时，我们还要感谢众多一线教师，正是你们的教学实践和反馈，让本书更加贴近教学实际。

教育是一项崇高而神圣的事业，教师肩负着培养时代新人的重任。在新课程改革的大背景下，广大教师唯有与时俱进，勇于创新，才能不辱使命，不负重托。让我们携手前行，在大概念教学的道路上砥砺奋进，共同开创高中历史教学的美好明天！

目录

第一章　大概念教学的基本理论

随着新课改的不断深入，高中历史教学也在经历着巨大的变革。传统的"满堂灌"式教学模式已经不能适应信息时代学生的学习需求，教师必须转变教学理念，创新教学方法，才能真正激发学生的学习兴趣，培养学生的历史思维能力。

大概念教学作为一种新型的教学模式，正是在这样的背景下应运而生。它强调以学科的核心概念为主线，引导学生主动探究、深入思考，从而实现对知识的迁移和应用。大概念教学不仅符合历史学科的特点，也契合了新课标提出的培养学生核心素养的要求。

本章节拟从大概念教学的理论基础出发，结合高中历史教学的实际，深入探讨大概念教学在历史课堂中的实施策略。

第一节　大概念教学的定义与特点

一、大概念的内涵

要理解大概念教学，首先要明确"大概念"的含义。所谓"大概念"，是指学科中最基本、最核心的概念，它贯穿学科始终，对学科的学习和理解至关重要。与一般概念相比，大概念具有以下几个特点：

首先，大概念是学科的支柱，是构建学科知识体系不可或缺的关键要素。例如在历史学科中，"变革"就是一个典型的大概念。纵观人类历史的发展，从原始社会到奴隶社会，再到封建社会、资本主义社会，无不经历了一次次重大变革。可以说，"变革"贯穿了整个历史进程，是理解历史发展规律的关键。

其次，大概念往往具有较强的概括性和适用性。一个大概念通常可以涵盖学科中的多个知识点，具有广泛的外延。同时，大概念又不局限于某一具体的历史事件或现象，而是能够适用于不同的历史时期和地域。以"变革"为例，它既可以概括历史上的农民起义、资产阶级革命等社会变革，也可以用来分析近现代中国的改革开放、苏联的戈尔巴乔夫改革等。

最后，大概念蕴含着丰富的内涵，对学科有重要的解释力。每一个大概念的背后，都隐藏着学科的本质属性和发展规律。深入理解大概念，就能洞悉学科的奥秘，把握知识的内在联系。比如学习"变革"这一概念，不仅要了解历史上重大变革事件的表象，更要探究变革的原因、过程、影响等，思考变革背后的社会矛盾和时代特征，进而升华到历史发展的一般规律。

二、大概念教学的定义

在明确了"大概念"的内涵后，我们就可以来界定"大概念教学"了。简言之，大概念教学是一种以学科核心概念为主线，引导学生主动建构知识体系的教学模式。它突破了传统教学中的知识零散、碎片化问题，力求打通学科内部的纵横联系，帮助学生形成整体性的知识框架。

具体来说，大概念教学主要体现在以下几个方面：

一是聚焦学科大概念。大概念教学并不等同于概念教学，它不是机械地罗列概念、背诵定义，而是要深入挖掘大概念的内涵外延，揭示概念间的内在联系，帮助学生构建完整的知识网络。教师要精心选择反映学科本质、覆盖面广的大概念作为教学主线，合理确定概念的深度和广度，避免概念过多过杂，突出教学重点。

二是以概念为纲组织教学内容。大概念教学重在打破知识的条块分割，将零散的知识点整合到概念框架之下，形成有机联系的知识单元。因此，教师要围绕大概念精心设计教学内容，抓住关键问题，突出主干知识，将相关知识点融会贯通。同时，要处理好概念与知识点、主线与支线的关系，使课程内容前后呼应、环环相扣，构成完整的逻辑体系。

三是引导学生主动建构知识。大概念教学强调学生的主体地位，注重培养学生分析问题、解决问题的能力。教师要创设问题情境，激发学生的探究欲望，引导学生自主学习、合作探究，在原有认知的基础上，不断同化新知，实现知识的重组和升华。教学过程中，教师要及时诊断学情，提供适切的支架，引导学生突破障碍，达成对概念的深刻理解。

四是重视概念的迁移应用。大概念蕴含的知识具有广泛的适用性，教学中要注重培养学生知识迁移的能力。通过变式练习、类比推理等方式，引导学生将所学概念应用到新的问题情境中，考察概念的外延和界限，实现知识的灵活运用。同时，还要引导学生将概念与现实生活联系起来，在社会实践中检验和巩固概念，提高分析问题、解决问题的能力。

三、大概念教学的理论基础

大概念教学并非无源之水、无本之木，它有着深厚的理论基础。主要体现在以下几个方面：

首先，大概念教学吸收了建构主义学习理论的精髓。建构主义认为，知识不是简单地被动接受，而是学习者在原有经验的基础上，通过与外界环境的相互作用而主动建构的。学习是一个不断同化、顺应的过程，学习者要将新知与旧知联系起来，调整原有的认知结构，形成新的理解。大概念教学正是以学生的主动建构为核心，教师创设问题情境，引导学生探究概念内涵，将零散知识整合到概念框架中，主动建构系统完整的知识网络。

其次，大概念教学体现了认知学派的信息加工理论。该理论认为，人的认知过程是一个对信息进行加工、编码、贮存和提取的过程。学习就是将外界信息转化为内在心理表征，形成认知图式的过程。因此，教学设计要符合人脑的信息加工特点，把握认知规律。大概念教学围绕核心概念组织教学内容，帮助学生形成层次分明、系统化的认知结构；运用类比、对比等方式加深概念理解，建立完整的知识图式；通过问题解决、迁移应用等方式，促进知识内化，提高学生的信息加工能力。

再次，大概念教学借鉴了维果茨基的最近发展区理论。维果茨基认为，儿童的认知发展存在"最近发展区"，即独立解决问题的实际发展水平，与在成人指导下通过合作解决问题的潜在发展水平之间的差距。教学应致力于创造最近发展区，为儿童的进一步发展提供帮助和支持。大概念教学强调"以概念为中心，围绕概念设疑"，为学生提供可供探索的问题空间，教师适时引导，搭建必要的支架，帮助学生突破认知障碍，实现概念理解的飞跃，推动学生认知能力的不断发展。

最后，大概念教学还体现了杜威的"做中学"理念。杜威主张"教育即生活"，强调在实践中学习，在活动中发展。他提出从"做中学"开始，通过亲身实践、动手操作来获得知识、形成能力。大概念教学注重培养学生运用知识分析问题、解决问题的能力，引导学生把概念应用到生活实践中，将知识转化为智慧和能力。在问题解决的过程中，学生主动参与、乐于探究，真正成为学习的主人。

综上所述，大概念教学继承和发展了诸多学习理论的精华，形成了自己鲜明的特色。它立足学科本质，聚焦核心概念，充分发挥学生主体作用，引导学生在主动探究中建构知识、发展能力，是一种全新的教学理念和模式。在信息时代的今天，大概念教学以其系统性、整合性、创新性的特点，必将在教育教学改革中发挥越来越重要的作用。

四、大概念教学的主要特点

通过以上分析，我们对大概念教学已有了基本的认识。可以看出，与传统教学相比，大概念教学主要有以下几个特点：

一是整体性。传统教学往往重知识、轻能力，知识呈现零散、割裂，学生难以把握知识间的内在联系。大概念教学则以学科核心概念为主线，将相关知识整合到概念框架之下，帮助学生建立系统完整的知识体系，做到纲举目张、融会贯通。同时，大概念教学注重学科内在逻辑和课程的系统结构，教学内容环环相扣、前后呼应，使学生获得整体性的理解和把握。

二是概括性。大概念蕴含着学科的本质规律，对学科知识起到提纲挈领的作用。教学中聚焦大概念，就是要挖掘概念背后的深层内涵，揭示事物的一般规律和本质联系。通过概念学习，学生能跳出具体事例，站在更高层次概括理解知识，从而提高分析问题、解决问题的能力。同时，大概念的概括性使知识具有更广泛的适用性，有利于学生举一反三、融会贯通，实现知识的迁移应用。

三是内在性。大概念教学改变了传统教学中"重传授轻内化"的弊端，注重学生对知识的主动建构和内化吸收。教师精心创设问题情境，引发学生探究欲望，学生围绕核心概念自主探索、合作学习，在质疑、论证、归纳的过程中加深对概念的理解，实现知识内化。学生不再是被动接受知识，而是在原有经验基础上主动建构认知，新旧知识相互融合，形成内在联系。知识学习不再是单纯的记忆堆砌，而是基于理解的意义建构。

四是生成性。大概念教学是开放性的教学，学生是学习的主体，知识的生成者。不同的学生基于自身经验，对同一概念会有不同的理解和诠释。通过讨论交流、合作探究，学生互相启发、取长补短，碰撞出思维的火花，生成新的见解。同时，学生通过主动实践，将知识应用于现实情境，在做中学，在用中悟，创造性地领悟知识的真谛。因此，每一次大概念教学，都是师生智慧的结晶，都充满了生机与活力。

五是发展性。大概念教学立足学生认知发展规律，把握学生的最近发展区，为学生的进一步发展提供支持和帮助。教师精心设计探究活动，创设问题情境，为学生构建发展支架，引导学生不断突破认知障碍，实现飞跃发展。在探究过程中，学生主动参与、积极思考，分析问题、解决问题的能力得到不断提升，批判性思维、创新能力等核心素养逐步形成。可以说，大概念教学不仅关注知识的掌握，更注重能力的培养，致力于学生的全面发展。

当然，大概念教学要取得成效，还必须处理好以下几对关系：

一是大概念与具体知识点的关系。大概念教学以概念为主线，但并不意味着忽视具体知识。要处理好概念与知识点的关系，做到概念清晰、知识具体。概念是骨干，知识是血肉，两者辩证统一、相互依存。通过具体知识学习理解概念内涵，通过概念指导知识学习。学生在掌握具体知识的同时，能上升到概念的高度，把握知识的内在规律。

二是教师引导与学生主体的关系。大概念教学强调学生的主动建构，但并不否定教师的引导作用。教师要成为学习的引导者、促进者，精心设计教学活动，为学生搭建探究框架。在教学过程中，教师要把握学情，及时诊断问题，提供适切帮助，引导学生突破障碍、深化理解。同时，要给学生以探究的空间，鼓励学生大胆质疑、积极思考，培养学生自主学习、合作探究的能力。

三是当前发展与长远发展的关系。大概念教学既要关注学生当前的知识掌握，又要着眼学生长远发展。要立足学科素养，培养学生核心能力，着力提高学生解决问题的综合素质。教学中要创设开放性问题，丰富探究资源，为学生提供发展空间。通过递进式的探究活动，循序渐进地提升学生认知水平，最终实现从知识、能力到素养的飞跃。

总之，大概念教学是一种全新的教育理念和模式，是培养学生核心素养的有效途径。但它的实施需要教师转变教育观念，提高教学设计能力，优化评价手段，还需要学校搭建教研平台，营造探究氛围。我们要与时俱进，在实践中不断反思、完善大概念教学，推动教育教学改革的深入发展，培养德智体美劳全面发展的社会主义建设者和接班人。

第二节　大概念教学在高中历史教学中的适用性

高中历史课程承担着帮助学生认识人类社会发展规律、树立正确历史观的重任。但长期以来，历史教学存在着诸多问题，如教学内容庞杂、知识呈现零散、学生学习兴趣不高等。如何提升历史课堂教学效率，培养学生历史学科素养，成为广大历史教师关注的焦点。

大概念教学为破解历史教学困境、促进学生全面发展提供了新的路径。它聚焦学科核心概念，整合优化教学内容，突出教学主线，帮助学生把握知识的内在联系；注重学生探究能力培养，引导学生自主学习、合作探究，提高分析和解决问题的能力；关注学科思维塑造，引领学生从历史的视角认识世界，树立科学的历史观和方法论。可以说，大概念教学理念与高中历史课程目标高度契合，在历史教学中大有可为。

一、历史学科核心概念的特点

每一门学科都有自己的特点，历史学科也不例外。作为一门研究人类社会发展过程及其规律的学科，历史有其独特的学科属性。这就决定了历史学科的核心概念有别于其他学科，具有自身的特点。

首先，历史学科核心概念往往具有鲜明的时代特征。历史研究对象是人类社会的发展，而社会在不同历史时期有不同的特点。因此，历史核心概念必然打上时代的烙印。如"三权分立"虽然是一个政治学概念，但放到不同历史时期，其内涵外延是有差异的。资产阶级革命时期的三权分立，旨在反对封建专制，维护资产阶级利益；而在当代社会，三权分立强调权力的相互制衡，目的是防止权力滥用，保障公民的合法权益。

其次，历史学科核心概念常常蕴含丰富的历史内容。历史学科重在总结历史发展的一般规律，但这些规律又必须建立在丰富的历史材料基础之上。历史核心概念既要揭示历史发展的本质和规律，又要涵盖相关的历史知识。如学习"民主"这一概念，既要理解民主的一般内涵，又要了解人类社会民主发展的曲折历程，熟悉雅典民主、英国议会民主、法国资产阶级民主等不同形式，认识近现代以来民主在中国的发展，最终形成完整、立体的认识。

最后，历史学科核心概念具有广泛的社会适用性。历史虽然研究过去，但其意义在于现实，在于为现实社会发展提供借鉴和启迪。历史核心概念反映人类社会发展的一般规律，对于理解和把握现实具有重要的指导意义。如学习"改革"概念，不仅要认识历史上重大改革的成因、经过、意义，更要联系现实社会，思考改革的动力、目标和路径，领悟改革创新、与时俱进的真理，增强全面深化改革的自觉性和主动性，做改革的促进派、实干家。

总之，历史学科核心概念时代性与规律性相统一，历史性与现实性相结合，知识性与价值性相融通，为大概念教学提供了广阔的实施空间。教师要立足学科特点，深入挖掘核心概念内涵，优化课程结构和教学内容，引导学生深入理解历史、思考历史，在历史中汲取智慧，为现实服务。

二、大概念教学在历史课堂中的应用价值

大概念教学在历史课堂中有广泛的应用前景，主要体现在以下几个方面：

第一，大概念教学有利于整合历史教学内容，突出教学重点。历史教材内容庞杂，涉及面广，各历史事件、人物、制度等错综交织、纷繁复杂。如果缺乏主线，就容易陷入细节，学生难以从中理清头绪、把握规律。而大概念教学以学科核心概念为依托，以大概念串联史实，将零散的知识点整合到概念框架之下，历史发展的脉络和规律就能凸显出来。同时，在教学过程中，教师要聚焦大概念，突出主干，把握好概念的广度和深度，注重知识的前后联系，这就能克服"满堂灌"、一锅烩的弊病，实现重点突出、主次分明。

第二，大概念教学有利于深化历史学习，提升学生认知水平。历史学习不能停留在知识层面，更要上升到理论高度。这就要求学生在掌握基本史实的基础上，进一步概括提炼、分析比较、归纳演绎，最终达到对历史发展规律的理解和把握。大概念教学正是以理论概括为核心，引导学生探究概念内涵，挖掘历史事件背后的因果逻辑，这无疑有利于学生历史思维的发展。通过对不同历史时期、不同区域同一概念的对比分析，学生的概括力、辨析力、评价力也能得到锻炼。学生站在历史发展的制高点审视历史，关注历史的继承与发展，就能对人类历史形成全面、立体的认识。

第三，大概念教学能有效提高学生解决现实问题的能力。历史核心概念具有广泛的社会适用性，蕴含着丰富的现实意义。大概念教学引导学生认识历史、思考历史，培养学生用历史眼光观察问题、分析问题的意识和能力。通过探究历史上的改革、战争、外交等，学生能从历史中汲取智慧，以史为鉴，更好地理解当下，应对挑战。如学习"全面抗战"这一概念，要引导学生思考抗战胜利的原因，总结历史经验，增强爱国主义情怀，激发为实现中华民族伟大复兴而不懈奋斗的使命担当。这就使历史学习真正成为面向未来、立足现实的学习，成为学生的精神营养和思想武器。

第四，大概念教学有利于发挥学生的主体作用，培养学生核心素养。传统教学往往以教师讲授为主，学生被动接受，很难调动学习积极性。而大概念教学从学生认知出发，创设探究情境，学生围绕核心概念提出问题、搜集资料、展开讨论，在主动建构中深化对知识的理解。在探究过程中，学生是学习的主人，教师是引导者、合作者，师生平等对话、互动交流，共同完成对历史的解读。学生参与课堂的自主性、积极性显著提升。而且，在探究、讨论的过程中，学生自主学习能力、批判性思维、问题解决等关键能力得到锻炼，学科素养、文化修养、家国情怀等核心素养逐步形成。由被动学习转向主动发展，学习方式的转变必将带来学生综合素质的提升。

需要指出的是，大概念教学在历史课堂的推广还需要一个过程，离不开教师教学理念的更新和教学能力的提升。具体来说：

首先，教师要树立现代教育理念，处理好知识传授与能力培养、价值引领的关系。历史教学不能简单等同于历史知识的堆砌，而要关注学生学科能力、思维品质、人文修养的形成。教师要聚焦学生发展，立足学科育人，化身学生学习的促进者和引路人，最大限度地发挥学生的主动性、创造性。

其次，教师要不断提升教学设计能力。大概念教学对教师的学科素养、教学设计能力提出了更高要求。教师要博览群书、融会贯通，准确把握学科大概念的内涵外延，然后结合教学内容、学情特点，创设有实效的探究活动。这就需要教师加强理论学习，潜心教研磨课，在实践中不断完善教学设计，提高指导学生探究的能力。

最后，要优化评价理念和评价方式。大概念教学不同于应试教学，不能再简单以分数论英雄。要树立发展性评价理念，改进评价内容和方式，重视学生在探究过程中的表现，关注知识的理解、方法的运用、情感的培育，引导学生在原有水平上不断进步。同时，要发挥学生的主体作用，鼓励学生进行自评互评，在评价中反思、调整、改进。

总之，大概念教学顺应了历史教育改革发展方向，契合历史学科核心素养培育要求，对于优化历史课堂教学、促进学生全面发展具有重要价值。作为历史教师，我们要准确把握大概念教学内涵，与时俱进，锐意进取，在教学实践中探索大概念教学的有效途径，不断提升历史教育教学质量，培养具有历史学科素养的时代新人。

三、高中历史教学实施大概念教学的基本路径

大概念教学在高中历史教学中虽然大有可为，但推广实施仍是一个复杂的系统工程。实施大概念教学，无论是对教师的教学设计，还是课堂教学组织，以及教学评价等，都提出了新的要求。因此，教师必须准确把握大概念教学内涵，掌握科学合理的实施路径，才能真正将大概念教学落到实处。

结合高中历史学科特点和教学实际，笔者认为实施大概念教学可以遵循以下基本路径：

一是合理选择和凝练大概念。这是大概念教学的基础性工作。教师要立足学科素养，深入研读教材，准确提炼出反映学科本质的核心概念。所选大概念既要有理论高度，揭示历史发展规律，又要有广泛的适用性，能涵盖足够的教学内容。如"三国鼎立"就是一个适宜的大概念。它揭示了三国时期错综复杂的政治、军事、文化发展，涵盖了从汉末大乱到西晋统一的重大历史事件，是认识魏晋南北朝历史的一把钥匙。当然，大概念选择还要遵循

教学的阶段性和递进性，由浅入深，循序渐进。

二是围绕大概念进行教学设计。教学设计是大概念教学的关键环节，直接影响教学效果。教师要围绕核心概念组织教学，将离散的知识点有机整合到概念框架之下。概念的广度和深度要根据教学实际合理把控，授课时间、学生认知水平、学习兴趣等因素都要纳入考虑。教学设计还要注重问题设置、学习任务安排，为学生搭建探究框架。如教学"帝国主义"概念，可设置"什么是帝国主义""帝国主义有何特点""帝国主义给世界带来了什么影响"等问题，引导学生探究帝国主义产生的历史背景、本质特征、实质危害，最终达成对概念的理解把握。

三是创设探究情境，引导学生主动建构。大概念教学的生命在于学生自主探究。教师要围绕核心概念创设问题情境，提供学习资料，引导学生自主学习、合作探究。学生通过阅读、讨论、交流，从历史材料中提取信息，分析历史事件、人物，逐步建构对概念的理解。如学习"文艺复兴"概念，可引导学生分析达·芬奇、拉斐尔等文艺复兴三杰的艺术作品，思考文艺复兴的人文内涵；阅读《君主论》等著作，探寻文艺复兴时期的人文主义思想。学生带着问题阅读探究，新旧知识碰撞、交融，对"文艺复兴"的认识不断深化。教师则要关注学生认知状况，适时引导，最终帮助学生建构起系统完整的知识体系。

四是注重学习反思和迁移应用。大概念教学不能停留在对概念的感性认识上，要引导学生对学习过程进行反思总结，真正内化概念、方法，实现学习的迁移应用。学生要围绕核心概念，总结学习收获，梳理知识脉络，反思学习得失，这有利于知识的巩固和学科思维的发展。同时，要引导学生对概念内涵进行拓展，将所学知识应用到新情境中，提高分析问题、解决问题的能力。如探究"改革"这一概念，要引导学生在总结历史上农民起义、资产阶级革命经验教训基础上，结合中国特色社会主义实践，思考全面深化改革的重大意义，增强"四个自信"，主动投身新时代中国特色社会主义事业。

五是探索灵活多样的教学评价。教学评价是教学过程的重要组成部分，大概念教学需要与之相适应的评价理念和评价方式。要树立发展性评价理念，兼顾知识与能力、过程与方法、情感态度与价值观，引导学生在原有水平上不断进步。评价内容不局限于对概念理解的考查，更要关注学生在探究过程中的表现，如问题意识、探究能力、语言表达、团队合作等。评价主体要突破教师一元化，学生要成为评价的参与者。鼓励学生开展自评互评，在评价中反思、调整、改进。评价方式也要灵活多样，课堂观察、学习档案、成果展示、测评等都可成为评价依据。唯有评价的多元化，才能全面、客观地评价学生发展，激发学生进步的内生动力。

总之，大概念教学在高中历史教学中的实施需要循序渐进、久久为功。作为一线教师，我们要立足学科育人，把握大概念教学内涵，优化教学设计，创新教学模式，在学科教学中培养学生的历史学科素养。这需要教师增强责任意识，潜心教研，在实践中不断反思提升。同时学校要搭建教研平台，组织教师开展集体备课、说课评课等教研活动，为大概念教学的良性发展提供制度保障。相信经过教育工作者的共同努力，大概念教学必将在高中历史教学中结出累累硕果。

第三节　深度学习的内涵及其与大概念教学的关系

随着素质教育的深入推进，促进学生深度学习，培养学生核心素养成为新时代教育的重要使命。深度学习是相对于浅层学习而言的，它强调学习内容、学习方式、学习效果的整体优化，旨在实现学生的全面发展。在这样的背景下，深度学习必然与大概念教学产生交集，二者相辅相成、互为促进。

一、深度学习的内涵

深度学习是一个外延丰富、内涵深刻的概念，对其内涵的理解是把握深度学习实质的前提。

从学习内容来看，深度学习强调对学科核心知识的掌握。每门学科都有其核心概念、原理和方法，这些知识反映了学科的本质属性，对学科学习具有关键作用。深度学习要求学生聚焦学科核心，突破表象，把握事物的本质和规律。与之相对，浅层学习往往着眼于知识的机械记忆，重在"知其然"，而不"知其所以然"，难以形成知识的内在联系。

从学习方式来看，深度学习强调主动建构。学生不是知识的被动接受者，而是学习的主人。深度学习鼓励学生带着问题学习，通过自主探究、合作交流，在原有认知基础上同化新知，实现知识的重组和升华。这个过程往往伴随着学生思维的发展、认知结构的优化。与之相对，浅层学习则是一种被动接受的过程，学生按部就班"喂养式"学习，缺乏主动性和创造性。

从学习效果来看，深度学习强调知识的深度理解和灵活运用。通过深度学习，学生能准确把握知识的概念内涵、本质属性，理解知识形成和发展脉络，构建起系统完整的知识体系。这种理解是迁移的基础，学生能将所学知识灵活运用到新的情境中，实现学以致用。与之相对，浅层学习获得的往往是支离破碎的知识，学生只能机械地照搬套用，遇到新问题就束手无策。

可见，深度学习不是一蹴而就的，它需要学生付出持续不断的努力，调动情感和意志参与其中。学生在深度学习中能收获知识和能力，塑造健全人格，获得全面发展。因此，深度学习是素质教育的应有之义，是培养社会主义建设者和接班人的必由之路。

二、大概念教学对深度学习的促进作用

大概念教学以学科核心概念为主线，注重学生探究能力培养，其理念和实施路径与深度学习不谋而合。具体来说，大概念教学能从以下几个方面推动深度学习的发生：

第一，大概念教学能引导学生聚焦学科核心知识。大概念教学以学科核心概念为主线，将相关知识整合到概念框架之下，使知识系统化、条理化。教师引导学生探究概念内涵，揭示事物的本质联系，学生围绕核心概念主动建构知识体系，必然聚焦学科核心，把握学习要义。这与深度学习强调掌握学科核心知识的要求完全吻合。由大概念及其蕴含的丰富内涵组成的知识必然是深度学习的优质内容。

第二，大概念教学能充分发挥学生学习的主体性。大概念教学突出学生的主体地位，教师设置探究主题，创设问题情境，学生通过主动探究、合作交流建构新知。在探究过程中，学生是学习的主人，带着问题阅读材料、搜集信息，通过分析论证获得结论，新旧知识碰撞交融，思维得以发展。可见，学生在大概念教学中全身心投入，调动了认知、情感、态度等多重要

素，这正是深度学习的题中应有之义。

第三，大概念教学能促进知识的综合应用和迁移。大概念蕴含着广泛的外延，对学科知识具有提纲挈领作用。学生掌握了大概念，就能打通知识的内在联系，由表及里，触类旁通。同时，大概念教学要求学生对学习过程进行反思总结，梳理知识脉络，这种元认知活动有助于深化对知识的理解。在应用环节，学生要运用所学概念分析新的问题情境，实现学习的深度迁移。综合应用、灵活迁移正是深度学习的重要表征。

第四，大概念教学能促进学生核心素养的形成。大概念教学关注学生的全面发展，概念学习、能力培养和价值引领相统一。学习概念的过程就是发展思维的过程，批判性思维、创新思维在探究中得以生成；概念应用的过程就是能力形成的过程，学生分析问题、解决问题的能力不断提升；对概念内涵的领悟，能唤起学生的情感共鸣，价值观念、人格品质也潜移默化地影响着学生。学科核心素养的获得，正是大概念教学助力深度学习的集中体现。

综上所述，大概念教学能有效促进学生的深度学习。一方面，大概念教学以学科核心概念为载体，引领学生深入学科核心，不断优化知识结构；另一方面，大概念教学变革了学生的学习方式，调动学生学习的主动性，学习过程蕴含着深度思维；同时，大概念教学能促进知识的迁移运用，使知识学习与能力发展、价值引领深度融合。可以说，大概念教学与深度学习同向同行，相互交融，共同服务于学生全面而有个性地发展这一教育的终极目标。

三、深度学习对大概念教学的启示

深度学习的内涵对大概念教学的实施具有重要的启示意义，主要体现在以下几个方面：

首先，要遵循学生认知规律设计大概念教学。深度学习不是一蹴而就的，它是一个循序渐进、不断深化的过程。这就要求大概念教学要立足学情，把握学生的认知起点，合理确定概念的广度和深度。对初学者，可引导其感知概念的一般内涵。随着学习的深入，再逐步拓展概念外延，深化概念内涵。概念的逻辑序列要与学生认知发展规律相吻合。同时要注重情境创设，营造良好的探究氛围，在师生互动、生生互动中加深对概念的理解。

其次，要创新学习方式，为学生搭建探究平台。深度学习强调学生的自主探究和主动建构。这就要求教师精心设计探究活动，为学生提供学习资源，搭建探究平台。引导学生带着问题阅读、讨论，通过小组合作、成果分享等形式，让学生成为学习的主人。尤其要发挥学生的首创精神，鼓励其提出新颖独到的见解。在探究中，教师要关注学生的认知状态，及时诊断问题，提供适切的指导，搭建必要的支架。活动后，引导学生对学习过程进行反思总结，梳理知识脉络，形成经验迁移。

再次，要重视学习方法指导，提高学生深度学习能力。学习方法是深度学习的重要工具。教师在大概念教学实施中，除了传授学科知识，更要重视学习方法的指导，提高学生自主学习的能力。引导学生掌握精读、略读、跳读等阅读策略，学会归纳整理、比较分析等思维方法。尤其要培养学生的元认知，学生学会对学习过程进行计划、监控和调节。同时，要引导学生养成自我反思的习惯，对照学习目标，客观评价自己的学习过程，查摆问题，有的放矢地改进学习策略。学生学会深度学习的方法，其学习兴趣、自主学习能力必然会大大提高。

最后，要把握学科特点，实现学科知识、能力、素养的融合。深度学习要求实现知识、能力和价值的统一。因此，大概念教学不能局限于知识探究，还要关注能力的生成和价值的引领。要根据不同学科特点，优化融合途径。如历史学科的大概念教学，要引导学生在把握历史发展规律的同时，提升历史思维、历史解释等学科关键能力，形成正确的历史观、国家观、民族观等核心素养。不同学科的大概念教学要充分挖掘学科育人功能，实现学科与育人的有机统一，最终促进学生的全面而富有个性地发展。

诚然，大概念教学与深度学习的融合还有待进一步的实践探索。作为广大教育工作者，要勇于创新、善于反思，在教育教学改革中为学生的终身发展奠基。相信经过我们的不懈努力，学生的深度学习能力必将大大提升，核心素养也会得到全面发展，使学生成长为德智体美劳全面发展的社会主义建设者和接班人，担负起民族复兴的历史重任。

在理论阐述上，本章力求立论严谨，逻辑清晰，联系教育教学实际，注重现实指导意义。同时，结合高中历史教学，举出鲜活案例，便于一线教师领会大概念教学的实质，把握实施路径。在广度和深度上，力求全面系统，深入浅出，为读者提供可供借鉴、触类旁通的理论视野。

需要指出的是，本章仅是笔者对大概念教学的一点思考，实践探索任重道远。教育理念的更新，教学行为的转变，都需要教师在教学实践中不断完善、深化。推动教育思想大解放、教育实践大创新，需要教育工作者和全社会的共同努力。让我们携手并进，在教育的康庄大道上阔步前行，为培养德智体美劳全面发展的社会主义建设者和接班人贡献智慧和力量！

第二章　大概念在教学中的构建

历史学科作为高中阶段的重要人文学科之一，承担着帮助学生理解人类社会发展历程、认识现实社会的重任。然而，传统的历史教学往往侧重琐碎知识点的记忆和背诵，容易让学生产生历史知识支离破碎、毫无逻辑的感受，进而丧失学习历史的兴趣。

为了改变这一现状，历史教学界近年来提出要重视"大概念"（Big Ideas）在历史教学中的应用。所谓大概念，是指能够贯通一个时期、一个专题乃至整个历史的核心概念和规律。例如，政治制度、经济结构、文化交流、社会变迁等，都是历史学科的重要大概念。大概念能够将相关的历史知识点有机串联起来，凸显历史发展的内在逻辑，从而帮助学生从宏观上把握历史。

第一节　历史大概念的选取与梳理

一、什么是历史大概念

在探讨如何选取和梳理高中历史教学中的大概念之前，我们有必要先明确何为"历史大概念"。一般而言，历史大概念是指能够概括和统领一定历史时期或专题的核心概念、基本线索和内在规律。它们往往具有宏观性、概括性和逻辑性的特征，能够将零散的历史知识和现象纳入一个总体性的认知框架。

具体来说，历史大概念可以从不同维度来界定：

从时间维度看，历史大概念能够贯通一个或几个历史时期。例如，中国历史上的"分久必合、合久必分"规律，既适用于从秦汉到隋唐的数百年，也适用于从宋元到明清的数百年。

从空间维度看，历史大概念能够跨越不同地域。如"丝绸之路"概念所揭示的东西方经济文化交流，涉及中国、中亚、西亚、欧洲等多个地区。

从专题维度看，历史大概念能够统摄一系列相关问题。如"中国传统社会"概念，涵盖了政治制度、经济结构、思想文化、社会生活等多个层面。

从逻辑维度看，历史大概念蕴含历史发展的内在机理和规律。如"工业革命"概念反映了人类社会由农业文明向工业文明转型的必然趋势。

可见，历史大概念是高度概括和提炼的知识要素，能够帮助学生站在全局和本质的高度认识历史。它是学生理解历史、把握规律的关键抓手。我国著名历史学家、教育家陈垣先生曾指出："历史教学贵在提纲挈领，抓住重点，对学生起引导作用。"而历史大概念正是这种引导作用的集中体现。

当然，历史大概念绝非抽象空洞的概念符号，而是需要依托具体历史知识才能彰显其意义。因此，教师在引导学生学习历史大概念时，既要帮助他们升华概括出大概念，又要引导他们用大概念来分析和解释具体的历史现象，实现概念学习与知识学习的双向促进。

总之，历史大概念是高中历史教学不可或缺的重要内容。教师选取恰当的大概念并予以系统梳理，对于提升历史课堂教学的高度和深度具有重要意义。接下来，我们将进一步探讨历史大概念的特征与作用。

二、历史大概念的特征与作用

在上一节，我们对何为历史大概念作了初步界定。本节将在此基础上，进一步剖析历史大概念的基本特征，并论述其在历史教学中的重要作用。

(一)历史大概念的基本特征

综合而言，历史大概念具有以下几个基本特征：

高度概括性。历史大概念是对一定范围内历史知识和历史现象的高度概括和提炼。它不拘泥于具体的历史事件或个案，而是力求揭示事物的一般本质和共同规律。正如"封建社会"概念概括了中国数千年的社会性质，"资本主义"概念揭示了近现代西方社会的基本特征。

相对稳定性。一般而言，一旦一个历史大概念被提出并被学界接受，其内涵和外延就较为稳定，不会随着某个历史事件或阶段的变化而频繁变动。

当然，这种稳定性是相对的，并不排斥学者对大概念作出合理修正。

逻辑系统性。历史大概念并非彼此孤立，而是形成了一个逻辑严密的有机系统。一方面，不同概念之间存在一定的并列与递进关系，如"古代社会"和"封建社会"的关系；另一方面，同一概念内部也包含层次分明的子概念群，如"资本主义"可以细分为商业资本主义、产业资本主义等。

学科综合性。大多数核心的历史大概念都具有明显的学科综合性，融合了政治、经济、文化等多学科视角。如"文艺复兴"既涉及思想文化，也包含社会经济因素的考量。这要求教师在教学中能够开阔视野，客观全面地分析历史大概念。

（二）历史大概念的重要作用

历史大概念之所以在历史教学中占据核心地位，主要基于以下几个方面的重要作用：

构建知识框架，把握历史全局。大概念犹如一张知识网络，能够把零散的史实组织起来，使学生在纷繁的历史现象中觅得主线，从历史发展的大势中把握事物的本质。例如，理解了"君主专制制度"这一概念，学生就能自觉地将与之相关的中央集权、科举制度、土地制度等知识点纳入一个整体性的理解中去。

升华学科思维，提炼历史智慧。大概念蕴含着学科的核心思维方式，是历史研究的思想结晶。学习历史大概念，学生不仅掌握了知识，更内化了从宏观、全局、本质的角度思考问题的能力。这种思维能力可以迁移到学习和生活的其他领域，成为学生的宝贵财富。

贯通古今中外，加深文化认同。许多历史大概念都能沟通不同时空，成为理解和比较不同历史的参照系。如将"封建制度"放到世界史坐标中考察，学生既能领会这一制度在中国的特殊性，又能把握它与西方封建制度的共性，从而加深对中华文明和人类文明的整体认知。这有利于学生确立正确的文化认同，增强文化自信。

培养价值判断，引导人生实践。历史大概念往往蕴含着鲜明的价值取向，体现了社会的主流价值观。引导学生学习和内化这些价值理念，可以塑造他们的世界观、人生观和价值观，为他们提供人生的指引。如学习"文明冲突"这一概念，学生既可以分辨历史上这一概念被滥用的危害，又可以思考如何在当今全球化背景下促进不同文明的交流互鉴，从而树立正确的全球意识和时代责任感。

综上所述，历史大概念是史学研究的理论结晶，是联结历史知识、历史思维、价值判断的纽带。在历史教学中给予大概念应有的重视，对于打造高质量的历史课堂、培养学生的历史学科素养至关重要。当然，如何选取和运用好历史大概念也是一个值得深入探讨的问题。对此，我们将在下一节展开论述。

三、如何选取高中历史教学中的大概念

面对浩如烟海的历史知识，如何从中提炼出真正具有教学价值的大概念？这是摆在每一位历史教师面前的重要课题。本节我们将从几个角度探讨如何选取高中历史教学中的大概念。

(一)把握课程标准，围绕核心素养

高中历史新课标明确提出，历史教学要聚焦学生发展核心素养，即唤醒历史意识、厚植人文情怀、提升思维品质、培育社会责任等。因此，大概念的选取必须紧紧围绕这些核心素养展开。

例如，为唤醒历史意识，应重点选取反映历史发展规律和人类文明进程的大概念，如先秦诸子百家、秦汉大一统、16—18世纪的"地理大发现"等；为培育社会责任感，可侧重选择蕴含家国情怀、爱国主义的大概念，如"天下兴亡，匹夫有责"的士人精神、孙中山先生的三民主义等。

总之，大概念的选取必须以历史学科核心素养为指引，这样才能真正彰显大概念教学的育人价值。

(二)关注学生认知，兼顾学习兴趣

选取大概念还要充分考虑高中阶段学生的认知特点和学习兴趣。

一方面，所选大概念在难度上要适合学生的认知水平，既要略高于学生已有知识经验，又不宜过于抽象晦涩，以免加重学生理解负担。

另一方面，大概念还应能引发学生的学习兴趣，最好能与学生的生活

实际产生联系。比如，当前全球化背景下的跨文化交流，学生在日常生活中或多或少都有所体验，教师就可据此选取"文明交流"之类的大概念，既契合了学生经验，又能引导他们思考现实，从而提升学习兴趣。

（三）尊重学科逻辑，突出主干知识

所选大概念要符合历史学科的内在逻辑，能够涵盖和统领一个时期或专题的主干知识。这就要求教师在选大概念时要运用学科思维，抓住事物的本质和规律，而非停留在表象。

例如，在教学中国近现代史时，如果简单罗列历次运动和事变，学生很容易陷入细节，不能自觉地把历史知识串起来。但如果教师引入"站起来"这一大概念，学生就能以此为主线，理解从鸦片战争到新中国成立这一历史进程的内在逻辑，领会中国人民争取民族独立、人民解放的艰辛历程。

此外，教师还要注意大概念之间的逻辑递进关系。好的大概念体系应该环环相扣、层层深入，避免概念之间的重复和冲突。如在教学中国古代史时，可以按照社会形态的演变依次选取"原始社会""奴隶社会""封建社会"等大概念，使学生对中国古代社会的发展脉络有清晰认识。

四、借鉴学界前沿，吸收优秀成果

历史学科的许多大概念都源于学界的前沿研究成果。因此，教师在选取大概念时，要主动借鉴学界的理论探索，及时吸收优秀的研究范式和解释框架。

例如，在解读中西历史时，可以运用史学界广泛讨论的"西方中心论"和"中国中心观"等概念，引导学生反思传统的历史观，树立更加客观开放、兼容并蓄的世界历史观。再如，在剖析传统中国社会时，可引入"集权""分权"等政治学概念，帮助学生厘清皇权与地方势力的复杂关系。

当然，大概念的选取要避免照搬照抄，而应根据教学实际进行必要的改造，力求通俗易懂、深入浅出。只有选好了大概念，才能在历史教学中形成框架清晰、逻辑缜密的知识体系，最终实现大概念教学的目标。下面，我们就来梳理一下高中历史课程中的几个重要大概念。

五、梳理高中历史课程中的重要大概念

通览高中历史课程，我们不难发现，其中蕴含着丰富的历史大概念。这些大概念是帮助学生理解和把握历史发展脉络的关键。本节我们就从政治、经济、文化等不同视角，对高中历史课程的若干核心大概念作一番梳理。

（一）政治视角：从专制走向民主

政治制度和统治方式是理解一个国家历史的基本切入点。在中国历史上，君主专制制度占据主导地位。因此，"君主专制"无疑是理解中国古代史的一个总纲性概念。学生把握了这一概念，就能理解皇权、官僚、士大夫等政治力量之间的关系，进而领会传统中国社会的基本结构和运作机制。

与之相对，"民主共和"则是解读中国近现代史的关键词。从太平天国的"拜上帝会"到同盟会的民主革命，再到新中国的人民民主专政，学生理解了"民主"这一大概念的发展演变，就能深刻认识中国人民争取当家作主、实现民族复兴的不懈努力。

放眼世界，"从城邦到帝国""等级制度""宪政民主"等大概念，则是学生理解世界古代、中世纪和近现代不同时期政治制度的重要线索。学生围绕这些大概念学习世界历史，就能在中外历史的比较中，加深对人类政治文明发展规律的把握。

（二）经济视角：从农业到工业

经济形态是推动社会发展的基本动力。在漫长的古代社会，"农业经济"一直是中国乃至世界的主导经济形态。学习农业社会的土地制度、赋税制度、商品经济等内容，学生就能深刻体认传统经济的运行机制及其对社会生活的影响。

工业革命是人类社会发展的重大转折点。围绕"工业化""资本主义""经济全球化"等大概念展开学习，学生就能把握近现代世界经济发展的总趋势，理解科技进步和生产方式变革对于人类社会的深远影响。

对于中国近现代史，"农耕社会向工业社会的转型"是一条基本线索。学生理解这一转型过程及其面临的困境，就能深刻认识中国近代化的艰难历

程，加深对新中国成立以来现代化建设成就的理解和认同。

（三）文化视角：从封闭走向开放

文化观念在很大程度上规定和影响着社会的发展进程。在中国传统文化中，"四书五经""儒释道""忠孝节义"等概念，构成了长期影响中国人伦理道德和价值观念的主流话语。学生理解这些大概念，就能透视传统中国社会的文化心理，读懂国人的思想行为。

中西文化交流是中国近现代史的重要主题。"西学东渐""中体西用""全盘西化"等大概念，反映了近代以来中国知识分子对待外来文化的不同态度。引导学生学习这些大概念，有助于他们正确认识中华文化与外来文化的关系，树立兼容并蓄、古为今用的文化观。

从世界视野看，"文艺复兴""宗教改革""启蒙运动"等概念，标志着西方社会思想文化的重大变革。学生理解这些大概念的内涵，就能洞察西方社会由中世纪向近代转型的文化根源，领会人文主义、个人主义、理性主义等现代价值理念的形成过程。

总之，政治、经济、文化领域的这些大概念犹如一个个瞭望塔，能帮助学生从宏观上把握历史发展的本质和规律。教师在教学中对这些大概念进行系统梳理和综合运用，学生的历史认知就会变得条理清晰、逻辑严密。这不仅能提高历史学习效率，更能培养学生从全局和本质的高度洞察问题的能力。

当然，概念学习绝非简单的罗列和背诵，而应落实到学生的思维训练和能力培养中去。因此，教师在历史教学中还需要继续探索如何优化教学方法，如何实现大概念与具体知识的有机整合。这将是我们在接下来两节讨论的重点。

第二节　历史教学及教学方法研究

历史教学是一门博大精深的学问，需要教师掌握扎实的学科知识和娴熟的教学技艺。本节我们将在上一节梳理大概念的基础上，进一步探讨高中历史教学的内容、目标以及主要方法，并着重阐述如何将大概念教学法应用于课堂，以期为历史教师优化教学提供参考。

一、高中历史教学的内容与目标

(一) 高中历史教学内容的选择

历史学科博大精深，涉及政治、经济、文化、社会生活等诸多领域。高中历史教学不可能面面俱到，必须根据课程标准和学生实际，有所取舍。

首先，教学内容要兼顾中外、古今。一方面，要重视本国历史，引导学生继承和弘扬中华民族的优秀传统；另一方面也要广纳世界历史，培养学生的全球视野和跨文化理解力。一方面，要重视古代史的教学，认识历史发展的连续性；另一方面，也要加强近现代史教学，突出历史与现实的联系。

其次，教学内容要重在大势、主线，摒弃过于琐碎的知识细节。如在讲授中国古代史时，可围绕社会形态演变、政治制度更迭等主线来组织教学内容，不必面面俱到地讲解每个朝代的具体史实。学生把握了历史发展的主要脉络，细节可以通过课外阅读等方式自学完成。

最后，教学内容要适度关注学科前沿，及时吸收新的研究成果。历史研究是与时俱进的，许多传统观点正被新的理论所修正。教师要主动学习新知识、新方法，用发展的眼光看待历史。当然，对于有争议的新观点不宜简单照搬，而应进行必要的加工处理，最大限度地排除价值偏见。

总之，高中历史教学内容的选择应以历史主线为骨架，以历史大概念为核心，上下贯通、古今兼顾，简约而不简单。唯有如此，教学内容才能在有限的课时中最大限度地发挥效用。

(二) 高中历史教学的主要目标

根据 2017 年版《普通高中历史课程标准》，高中历史教学应着力培养学生的核心素养，主要包括唤醒历史意识、厚植人文情怀、提升思维品质、培育社会责任四个方面。这四个方面相辅相成、不可偏废。

1.唤醒历史意识。历史意识是学生理解和感悟历史的基础。教学中要引导学生从历史的视角认识人类，思考个人与社会、当下与未来的关系，树立正确的历史观、国家观和民族观。具体而言，可通过组织主题探究、开展实地考察等方式，帮助学生感知历史的现实意义，激发他们对历史的好奇心和求知欲。

2. 厚植人文情怀。历史蕴藏着丰厚的人文精神。教学中要充分挖掘教材中的人文价值，引导学生在历史场景中感受人性的光辉，在历史人物中感知崇高的精神境界。如在讲授中国古代史时，可重点呈现中华文明的人文理想，如天人合一、以人为本等，引导学生继承和发扬中华优秀传统文化中的人文精神。

3. 提升思维品质。历史学习不仅要知其然，更要知其所以然。教学中要重视学生历史思维能力的培养，引导学生运用历史的眼光和方法分析问题、解决问题。这就要求教师创设问题情境，鼓励学生质疑、对比、探究，培养他们考据和论证的能力。同时，教师还要引导学生学会换位思考，增强历史理解和解释的意识。

4. 培育社会责任。责任意识是公民素养的重要内容。历史教学要引导学生从历史经验中汲取智慧，增强历史使命感和社会责任感。如在讲授中国近现代史时，要突出爱国主义和革命传统教育，培养学生的家国情怀。在讲授世界史时，要引导学生关注人类共同面临的全球性问题，增强他们的时代责任感。

概括而言，高中历史教学要以唤醒历史意识为起点，以培育社会责任为归宿，在历史与现实、理性与情感之间架起一座桥梁。这是一个循序渐进、水到渠成的过程，需要教师在教学中不断探索有效的途径和方法。对此，我们将在下文作进一步探讨。

二、高中历史教学中的主要方法

为实现上述教学目标，仅靠单一的讲授法显然是不够的。新课改强调要改变以教师为中心、以教材为中心的传统教学模式，倡导自主、合作、探究的学习方式。因此，教师要根据教学内容和学情，灵活运用多种教学方法。本节我们将重点介绍高中历史教学中的几种主要方法。

(一) 探究式教学法

探究式教学强调学生的主体地位，鼓励学生自主探索和发现知识。其基本流程是：教师设置问题情境，引发学生思考；学生通过小组合作、查阅资料等方式探究问题；最后，教师引导学生总结、评价、反思。

例如，在教学"汉武帝推行的政策及影响"时，教师可先抛出"汉武帝是一位什么样的皇帝"的问题，然后提供诸如《汉书·武帝纪》等史料，引导学生自主探究汉武帝推行的主要政策，并分析其影响。在探究过程中，学生的分析问题、获取信息、团队合作等能力都能得到锻炼。

需要注意的是，并非所有内容都适合探究式教学。对于学生难以自主完成的内容，教师还是要及时讲解疑难，给予必要的引导和点拨。探究式教学的关键在于为学生提供独立思考的时间和空间，而非完全放手。

(二) 讨论式教学法

讨论式教学通过师生互动、生生互动的方式，引导学生表达见解，碰撞思想。其核心是围绕某个话题或问题展开讨论，通过讨论加深学生对知识的理解。

例如，在教学中国古代科举制度时，教师可引导学生讨论"科举制的利弊"，一方面肯定科举制有利于打破世袭门第，另一方面又分析其可能导致片面追求"高分"而忽视能力培养的流弊。在讨论中，学生相互启发，不同观点的交锋能让学生全面认识问题。

讨论式教学要把握以下几点：一是选题要恰当，最好能联系学生生活实际，引发他们的兴趣；二是要为学生创造平等表达的机会，鼓励不同观点，体现教学民主；三是要注意总结提炼，使讨论不流于随意闲聊，而是收获知识和智慧。

(三) 比较式教学法

所谓比较式教学，就是引导学生对不同历史事物进行对比分析，从而找出其异同，把握事物的特点和规律。它符合学生认知发展的一般规律，有利于拓展学生思路、培养辩证思维。

比较教学可在历史纵向或横向展开。纵向比较强调历时性观察，即把握事物的变与不变。如教师可引导学生比较魏晋南北朝与隋唐时期的官僚制度，从中感悟隋唐三省六部制的进步性。横向比较则着眼于共时性观察，即辨析同一时期不同地区的异同。如教师可引导学生比较中国与日本的封建土地制度，从中看出中国土地私有化程度更高。

不论纵向比较还是横向比较，都要注意比较的全面性、系统性，不能只见树木，不见森林。空泛的比较难以让学生获得真知灼见。教师还要引导学生在比较中抽象出一般规律，去粗存精、去伪存真，这是比较教学的更高目标。

（四）情境教学法

情境教学法是指教师通过创设历史情境，引导学生身临其境地感悟历史的一种方法。其特点是重视学生的情感体验，唤起学生的认同感和代入感。

例如，在教学甲午中日战争时，教师可利用多媒体手段，再现甲午战争的悲壮场景，渲染民族危亡的沉重氛围，从而引发学生的爱国情感。教学鸦片战争时，教师则可让学生扮演虎门销烟的林则徐，设身处地感受他的民族气节和道德勇气。

情境教学的关键在于选取典型历史场景，再现历史的原貌。教师在创设情境时，要注意把握历史的真实性，不能过度虚构；要善于利用多种信息载体，如图片、音频、影像等，增强情境的感染力；要给学生适度的想象空间，调动他们的多感官参与。在情境体验后，教师还应及时引导学生反思，使他们的情感获得理性升华。

（五）案例教学法

案例教学法是指教师围绕某个具体历史事件、历史人物展开教学，引导学生在分析案例的过程中掌握历史知识、历史技能和历史思维方法的一种教学法。它强调"以点带面"，力求小中见大，从个别中把握一般。

例如，在教学罗马法时，教师可重点讲解《十二铜表法》的制定过程和主要内容，从而引出罗马法的渊源、特点及意义。在教学明太祖朱元璋时，教师可着重分析他的重农抑商政策及其背景,以小见大地反映明初的政治经济状况。

案例教学的难点在于选取典型案例。好的案例应具有代表性,能反映一定历史时期的特点;应富于故事性,能激发学生的兴趣;应有一定的复杂性,能引发学生的多角度思考。案例教学还要防止只重个别、轻一般,要注意引导学生在剖析案例的基础上,探寻一般规律,提升理论高度。

综上所述,探究式教学、讨论式教学、比较式教学、情境教学、案例教学都是值得提倡的教学方法。当然,任何方法都不是万能的,都要根据具体的教学需要加以选用。在实践中,教师还可以将不同方法结合起来使用,取长补短,优势互补。更为重要的是,教师要树立现代教育理念,努力实现从"教"到"学"的角色转换,不断更新知识,改进方法,提升育人实效。唯有如此,各种教学方法才能焕发生机,历史课堂才能成为一片沃土,孕育学生生动活泼的历史思维。

下面,我们将着重探讨如何将大概念教学法运用到课堂教学中,进一步深化历史教学改革。

三、基于大概念的历史教学法探索

大概念教学强调从历史知识中提炼出核心概念,以概念理解为主线组织教学,旨在帮助学生从整体上把握历史的本质和规律。这种教学理念对于革新传统的"题海战术"和应试教学大有裨益。本节我们将在前文梳理高中历史大概念的基础上,进一步探讨如何开展大概念教学。

(一)学会基于大概念设计教学

实施大概念教学,教师首先要学会从大处着眼设计教学。这就要求教师在备课时,不是简单罗列知识点,而是要围绕大概念来组织教学内容。

例如,在教学中国古代的政治制度时,教师可以"君主专制制度"这一核心概念为主线,系统梳理从秦汉到明清两千多年中央集权制度的演变,揭示其共性特征。在此基础上,可进一步引出"三公九卿""三省六部"等子概念,分析不同时期行政管理体制的异同。这样,学生头脑中就会形成一个从总到分、层次分明的知识框架。

在教学中国社会主义革命与建设时期时，教师则可以"社会主义基本制度的建立"为核心，先整体说明这一时期的历史地位和主题，然后分别从政治、经济、文化、社会等方面设置子概念，如"人民民主专政""社会主义改造""社会主义文化""人民生活的改善"等，引导学生分专题理解这一时期的巨大变革。

可见，基于大概念教学设计的关键是找准核心概念，合理设置子概念，使教学内容形成抽象与具体、逻辑与历史交织的有机整体。这就要求教师学会概括和提炼，站在学科的制高点俯瞰知识全局。唯有厘清了知识间的内在联系，教学设计才能环环相扣、前后呼应，从而为课堂教学的有序展开奠定基础。

（二）学会围绕大概念组织课堂

有了基于大概念的教学设计，还要学会组织与之相适应的课堂教学。具体而言，大概念教学要注重以下几个环节：

1. 导入新课，明确提出本节课的核心概念。

2. 通过讲解、分组讨论等方式，帮助学生理解核心概念的内涵。

3. 梳理与核心概念相关的知识脉络，使学生理解概念的外延。

4. 设置与核心概念相关的探究任务，引导学生运用所学分析问题。

5. 总结概括，引导学生在掌握核心概念的基础上，进一步思考其当代价值。

例如，在"资本主义世界市场的形成和发展"的教学中，教师可先明确提出"商业资本主义"这一核心概念，然后围绕其内涵，讲解16—18世纪欧洲殖民扩张的历史背景；接着梳理"重商主义""殖民地贸易""原始积累"等相关概念和知识点；再设置"英荷贸易战争的影响"等问题，引导学生运用概念分析史实；最后，引导学生思考商业资本主义对近代社会发展的意义。

这种教学流程可以"四个环节一个明确"，即明确核心概念和内涵理解、外延梳理、运用探究、价值思考四个环节，使学生在理解、运用概念中掌握历史，并从历史中汲取智慧。这就不同于传统的"教师讲、学生记"的灌输模式，学生成了学习的主人，概念学习与能力培养同步推进。

(三) 学会利用大概念促进学科整合

大概念教学不应停留在单一课标或单元内，而应该成为沟通不同课标、不同学科的桥梁，促进学生的学科整合与迁移能力。这就需要教师学会利用大概念开展跨单元、跨学科的教学。

在跨单元教学中，教师可以某个大概念为线索，横跨几个单元组织教学。如在中国古代史的教学中，教师可以君主专制这一大概念贯通政治、经济、文化、社会等不同单元，引导学生探讨专制集权对中国古代政治、经济、文化、社会的全面影响。这有助于克服学生知识割裂的弊端，使其从整体上把握专制主义的特征。

在跨学科教学中，教师则可挖掘历史学科与其他学科的概念联系，引导学生迁移运用。例如，历史学的很多概念如阶级、商品、货币、利润等，都可以与政治、经济等学科相联系。教师在授课时可适当渗透其他学科知识，引导学生比较分析同一概念在不同学科中的意义。这不仅有利于学生理解概念的丰富内涵，也能拓宽学生的知识视野。

此外，跨学科教学还体现在培养学生的学科思维上。历史学科的很多思维方法，如辩证思维、批判思维、价值判断等，也能迁移运用到其他学科。教师在大概念教学中渗透这些思维方法的训练，学生的综合素质就会得到全面提升。

总之，大概念教学不仅要立足本课标，还要放眼全局，与整个高中历史乃至整个高中教学相衔接，成为学生学科整合与能力迁移的助推器。这对教师的知识储备和教学艺术提出了更高要求。唯有学科融通、触类旁通，教师才能游刃有余地驾驭课堂，引领学生在历史的海洋中驰骋。

(四) 学会评价大概念教学效果

任何教学都离不开评价和反思。大概念教学要想落到实处，教师必须学会评价教学效果，并据此改进教学。评价大概念教学可从以下几个维度展开：

1. 概念理解。学生是否准确理解和把握了核心概念的内涵与外延，能否运用概念分析问题？这是大概念教学的基本要求。

2. 逻辑思维。学生在学习概念时，逻辑思维能力是否得到训练和提高，能否学会归纳概括、比较分析等思维方法？

3. 学科视野。学生的知识面是否得到拓展，是否突破了单一知识、单一课标的樊篱，在不同概念、不同学科间学会迁移知识？

4. 问题意识。学生是否养成了敏锐的问题意识，是否勇于提出新问题、新观点，在质疑和争鸣中获得智慧的升华？

5. 学习兴趣。学生的学习热情是否得到激发，是否摆脱了应试教育的束缚，真正成为学习的主人？

教师可以通过多种评价方式，如课堂观察、作业分析、思维导图等，全面诊断学生的学习状况。评价要坚持以素质为本，既看重知识与技能，也关注情感态度与价值观；既关注学科成绩，也关注综合素养。要坚持以发展为本，既肯定学生的进步，也指出学生的不足，力求使每个学生的潜能得到充分发掘。

更为重要的是，教学评价要激励教师反思和改进教学。大概念教学作为一种新的教学范式，在实践中难免会遇到这样那样的问题。教师要虚心听取学生的反馈，并与同行切磋交流，在实践与反思中不断完善教学。唯有如此，大概念教学才能真正深入人心，引领历史教学的变革。

在下一节，我们将结合具体的教学案例，进一步阐释如何运用大概念教学法。通过案例分析，教师可以更直观地领会大概念教学的精髓，为自己的教学实践提供有益启示。

四、大概念教学法的应用案例

前文我们探讨了大概念教学的理念和方法，接下来我们将以具体案例为载体，展示大概念教学在课堂中的应用。本节选取了中国古代史和世界近现代史两个专题，分别设计了基于"士大夫政治"和"殖民主义"两个核心概念的教学案例，以期为教师实施大概念教学提供参考。

案例一：以"士大夫政治"为核心的中国古代政治史教学

【教学背景】

中国古代史上，士大夫群体对政治的参与和影响不容忽视。从秦汉到明清，士大夫始终是国家治理的中坚力量，与皇权分庭抗礼，形成了独特的政治生态。因此，"士大夫政治"是理解中国古代政治制度的一个核心概念。本节课将以这一概念为主线，引导学生探究士大夫群体的形成、作用和局限，从而把握中国古代政治的基本特征。

【教学目标】

1. 知识目标：了解士大夫的界定，理解士大夫政治的形成背景、主要表现和历史影响。

2. 能力目标：通过讨论分析，提高学生的逻辑推理和评价判断能力；通过小组合作，培养学生的团队协作能力。

3. 情感目标：引导学生正确认识传统士大夫的进步作用和历史局限，增强文化传承和批判的意识。

【教学过程】

1. 导入：教师展示士大夫群体的代表人物图片，如诸葛亮、王安石、张居正等，提问学生对这些人物的初步印象，引出本节课的核心概念"士大夫政治"。

2. 概念内涵探究：教师讲解士大夫的定义和特征，指出士大夫一般具有世家背景，通过科举入仕，形成了一个相对稳定的社会阶层。学生讨论士大夫群体区别于地主阶级和平民百姓的独特性。

3. 概念外延梳理：

(1) 教师引导学生分析士大夫政治的形成背景，如秦汉中央集权的强化、隋唐科举制的确立等。学生讨论这些制度变革对士大夫政治的推动作用。

(2) 教师归纳士大夫政治的主要表现，如士大夫掌握科举选拔、主导政治议政、垄断意识形态等。学生分组讨论不同时期士大夫政治的异同。

(3) 教师引导学生评价士大夫政治的影响，肯定其推动了古代社会的进步，但也指出其因循守旧、阻碍变革的消极影响。学生讨论如何看待士大夫政治的得失。

4. 延伸思考：教师引导学生思考：现代社会是否还存在士大夫政治的影子？我们应如何汲取历史智慧，促进国家治理体系和治理能力现代化？

5. 总结：教师概括本节课的核心内容，指出士大夫政治是理解中国古代政治的一把钥匙。我们要全面客观地分析这一概念，既看到士大夫在古代社会的进步作用，又要警惕其封闭僵化的弊端，从传统中汲取有益的治国理政经验。

【教学反思】

本节课以"士大夫政治"这一核心概念贯穿始终，有利于学生从整体上把握中国古代政治的特点。在教学中，教师注重调动学生的主体性，通过头脑风暴、小组讨论等方式，引导学生积极思考，提高课堂参与度。但在讲解概念内涵时，教师还可以补充更多的史料，如《五人墓碑记》《长短经》等，让学生在分析原始材料中加深对概念的理解。此外，教学还可适度渗透跨学科知识，如古代士大夫的人文精神对文学艺术的影响等，以拓宽学生视野。

案例二：以"殖民主义"为核心的世界近代史教学

【教学背景】

殖民主义是伴随资本主义发展而兴起的一种侵略扩张政策，对近代世界格局产生了深远影响。19—20世纪，列强通过殖民扩张瓜分了全球大部分地区，形成了西方中心的国际秩序。因此，理解殖民主义是学习近代史的一个重要切入点。本节课将以"殖民主义"为核心概念，引导学生探究其产生背景、实质、影响及反殖民斗争，把握近代史的主题和规律。

【教学目标】

1. 知识目标：理解殖民主义的定义，把握其兴起的历史背景、基本特征和全球影响。

2. 能力目标：通过查阅资料、分组讨论，提高学生的信息收集和综合分析能力；通过模拟情境，提高学生换位思考和决策判断的能力。

3. 价值目标：引导学生以历史的眼光审视殖民主义，增强民族自尊心和爱国主义情怀，培养和平、发展、平等、正义的国际主义精神。

【教学过程】

1. 导入：播放一段关于非洲殖民地的纪录片，引发学生对殖民主义的初步认识。教师提问：纪录片反映了殖民统治的哪些特征？由此引出本节课的核心概念。

2. 概念内涵探究：

（1）教师讲解殖民主义的定义，指出其本质是资本主义国家对外实行领土扩张和经济掠夺的侵略政策。学生讨论这一概念与"殖民地""宗主国"的联系。

（2）教师播放殖民扩张的历史地图，引导学生总结殖民主义在不同时期的发展阶段及特点。学生讨论西方列强争夺殖民地的历史动因。

3. 概念外延梳理：

（1）教师列举非洲、亚洲、拉丁美洲等地区的典型殖民统治事例，引导学生分析殖民主义给当地政治、经济、文化带来的影响。学生分组讨论不同地区反殖民斗争的异同点。

（2）设置情境模拟：假设学生是殖民地的民族领袖，面对列强的入侵，应采取何种对策？学生进行头脑风暴，提出自己的看法。

（3）教师小结各组观点，引导学生认识反殖民斗争的正义性和艰巨性，体认民族独立和人民解放的重要意义。

4. 延伸思考：教师引导学生思考：殖民主义在当今是否还有新的表现形式？我们应如何推动构建人类命运共同体，维护世界和平与公平正义？

5. 总结：教师概括殖民主义给世界带来的深重灾难，指出虽然殖民体系已经瓦解，但殖民主义的影响还未消除。我们要以史为鉴，坚决反对霸权主义和强权政治，致力建设持久和平、普遍安全、共同繁荣、开放包容、清洁美丽的世界。

【教学反思】

本节课聚焦"殖民主义"这一核心概念，有助于学生理解近代以来世界格局的演变逻辑。教学采用了多种媒体辅助教学，如历史纪录片、地图等，增强了教学的直观性和吸引力，但在使用时还需要加强与教学内容的关联性。情境模拟环节有利于学生感情的投入和价值观的形成，但教师应注意控制节奏，提炼要点。此外，教学还可挖掘中国、印度等国反殖民斗争的联系，引导学生进行跨区域史的比较，加深他们对殖民主义全球影响的认识。

综上所述，大概念教学法要求教师在教学中始终围绕核心概念设置问题、组织活动、拓展延伸，使学生在主动探究中建构知识体系，内化学科思维，践行价值选择。这对教师的学科素养、教学设计和课堂驾驭能力都提出了更高要求。教师要成为学习者和研究者，在教学实践中不断反思和革新，用发展的眼光审视大概念，优化其内涵和外延，使之更好地服务于学生的全面发展。

以上两个案例从不同角度呈现了大概念教学法的应用路径，虽然各有侧重，但殊途同归，都彰显了大概念教学以概念为核心、以能力为重点、以素养为归宿的特点。这为历史教学改革提供了富有成效的探索。在此基础上，教师还需要继续拓展大概念教学的广度和深度，使大概念真正融入教学全过程、各环节，切实推动学生从历史的海洋中汲取智慧，在历史的天空下展翅翱翔。

下面，我们将进入第三节，重点探讨如何实现大概念与历史知识的深度整合，进一步提升大概念教学的实效性。这是大概念教学的题中应有之义，也是本章探讨的最后一个重要议题。

第三节　大概念与历史知识的整合

大概念教学绝非脱离具体知识孤立存在的概念罗列，而应该与丰富、细致的历史知识相融合，在对具体知识的分析中升华概括出大概念，又用大概念来统摄和解释具体知识，实现概念学习与知识学习的辩证统一。本节我们将在前两节的基础上，进一步探究大概念与历史知识整合的路径和方法。

一、历史知识的逻辑结构

要实现大概念与历史知识的有效整合，首先要明确历史知识自身的逻辑结构。历史知识虽然纷繁复杂，但并非杂乱无章，而是具有内在的组织逻辑的。这种逻辑主要体现在以下几个方面：

（一）历史发展的动态逻辑

历史知识反映了人类社会的发展进程，因而具有鲜明的发展逻辑。这主要表现在：

1. 发展阶段的递进关系。如原始社会、奴隶社会、封建社会、资本主义社会等不同社会形态，反映了人类从低级到高级、从简单到复杂的发展趋势。

2. 发展环节的因果关系。历史发展并非孤立的事件堆砌，而是一个螺旋式上升、环环相扣的过程。如资产阶级革命与工业革命相互促进，共同推动了资本主义的发展。

因此，在历史教学中，教师要善于挖掘历史发展的内在逻辑，引导学生把握事物的来龙去脉，揭示历史发展的一般规律。

(二) 历史要素的结构逻辑

历史知识由政治、经济、文化等多种要素组成，这些要素之间并非简单罗列，而是形成了一个有机联系的结构体系。其基本表现为：

1. 要素之间的横向联系。如政治制度与经济基础相互制约，上层建筑与经济基础相互作用。

2. 要素内部的纵向层次。如政治上有国家制度、阶级关系等层面，文化上有物质文化、制度文化、精神文化等层次。

因此，教师在讲授历史知识时，要注意分析各要素的内在联系，揭示事物的结构特征，使学生形成全面系统的认识。

(三) 历史叙述的逻辑关系

历史知识在教科书和资料中都是以一定逻辑展开的，主要体现为：

1. 时间和空间的交错。历史叙述往往交织着时间顺序和空间变化，如按照时间顺序讲述一国的发展，又在不同的地理空间中比较不同国家的特点。

2. 总分结合的层次。历史叙述常先整体概述，再分别展开，又在最后进行总结提炼，表现为总分总的逻辑结构。

因此，教师要引导学生理清历史叙述的脉络，掌握纵横交错、总分结合的思维方式，不断提升历史阅读和历史表达的能力。

(四) 历史解释的逻辑方法

历史知识的形成离不开历史解释，需要运用一定的逻辑方法。主要包括：

1. 分析与综合的辩证法。要求全面考察历史事物，将其分解为各个组成部分，又从各个部分中综合出事物的本质和规律。

2. 因果关系的推理法。要求把握历史事件的前因后果，探寻事物发展的内在动因和必然趋势，揭示历史的因果逻辑。

3.比较类比的思维法。通过不同历史事物的比较分析，从共性中把握个性，从差异中认识统一，深化对历史本质的理解。

因此，教师要帮助学生掌握历史解释的基本方法，提高他们分析历史、解释历史的能力，使其成为历史知识的主动建构者。

可见，历史知识内含着丰富的逻辑结构，揭示了历史发展、要素组成、叙述展开、解释方法等多重逻辑关系。教师应当充分认识这种逻辑结构，并将其作为整合大概念与具体知识的重要依据。只有把握了历史知识的内在逻辑，才能真正实现大概念对具体知识的概括提升，实现具体知识对大概念的支撑证明。下面，我们将进一步探讨这种整合对历史教学的重要意义。

二、大概念对历史知识整合的意义

大概念与具体历史知识的整合，是实现历史教学科学化、系统化的必然要求。这种整合主要有以下几个重要意义：

（一）有助于历史知识的系统构建

历史知识庞杂繁多，如果缺乏必要的整合，就容易陷入割裂孤立、支离破碎的困境。而大概念则为历史知识提供了系统构建的框架。一方面，同一大概念可以涵盖和统摄一系列相关的知识要点；另一方面，不同大概念之间又能形成逻辑联系，共同支撑起完整的知识体系。学生在学习中，如果能够树立起大概念意识，由点及面、由表及里地把握知识，就能建立起系统完整的知识结构。

例如，学习中国古代史时，如果能以"封建制度""中央集权""重农抑商"等大概念为线索，把相关的土地、赋税、科举、教育等知识纳入其中，就能理清脉络，形成体系。由此及彼，中国古代史的知识就能逐步构建成一个金字塔式的体系，既有大概念统领全局，又有具体知识支撑细节，纵横交织，环环相扣。

（二）有助于历史知识的综合运用

历史知识的学习不能停留在死记硬背、机械重复的层面，而应该学以致用、融会贯通。大概念与具体知识的整合，为历史知识的综合运用提供了途径。大概念凝结着历史发展的一般规律，具有迁移运用的品质。学生掌握了这些大概念，并能用其分析具体事例，解释现实问题，那他们的历史认知就真正深入到理解和运用的高级阶段了。

例如，学生学习了中国共产党领导的新民主主义革命，理解了"革命""阶级斗争""统一战线"等大概念。那么，面对现实中的改革开放实践，他们就能运用这些大概念去分析。他们会理解，改革开放是一场新的伟大革命，但已不同于武装斗争年代，而是在和平发展的形势下，调整社会矛盾的方式，团结一切可以团结的力量，继续推进中国特色社会主义事业。由此，历史知识就转化为认识现实、指导实践的智慧源泉。

(三) 有助于历史学科能力的培养

历史学科能力主要包括历史解释力、历史论证力、历史鉴赏力等。这些能力的培养，既需要历史知识的支撑，也需要历史思维方法的引领。大概念教学为这种知识与方法的结合提供了契机。大概念蕴含丰富的思维品质，体现了高度的概括性、逻辑性和系统性。学生在掌握大概念的过程中，实际上就是接受思维训练的过程。

例如，学习辛亥革命时，教师不仅要引导学生掌握相关史实，还要引导他们从"革命""共和"等大概念出发，运用历史唯物主义的基本观点去分析辛亥革命兴起的深刻原因，论证革命的历史进步性及其局限，鉴赏革命先驱的历史功绩和英雄气概。在这个过程中，学生的抽象概括、逻辑推理、价值判断等学科能力都能得到锻炼和提升。

(四) 有助于历史学科核心素养的形成

历史学科核心素养是学生通过历史学习逐步形成的正确历史观、坚定理想信念、科学思维品质等综合表现。这种核心素养的形成，关键在于深刻领会历史发展的内在规律，树立科学的历史理论。大概念集中体现了历史发展的一般规律，运用大概念整合历史知识，能使学生透过纷繁复杂的历史现象看本质，自觉运用历史唯物主义的基本原理分析问题，从而加速学科核心素养的生成。

例如，学习资本主义发展史时，教师引导学生运用"商品经济""自由竞争""垄断资本主义"等大概念，理清资本主义从产生到发展的基本脉络，剖析资本主义基本矛盾，展望资本主义必然为社会主义所代替的历史趋势，就能让学生领悟唯物史观关于社会基本矛盾、社会形态更替的基本原理。学生由此树立起正确的社会历史观，增强对社会主义、共产主义理想的坚定信念。这种理论自觉和价值取向，正是历史学科核心素养的重要体现。

综上所述，大概念与历史知识的整合，是历史教学的应有之义。这种整合有利于历史知识的系统构建、综合运用，有利于历史学科能力的培养，更有利于历史学科核心素养的形成。这为历史课堂教学创新指明了努力方向。下面，我们将进一步探讨如何在教学实践中实现这种整合。

三、如何将历史知识嵌入大概念框架

在理解了大概念整合历史知识的意义后，教师的核心任务就是要探索具体的实施路径。如何将丰富多样的历史知识有机融入到大概念框架中，是一个富有创造性和挑战性的课题。这需要教师在以下几个方面下功夫：

（一）精心设计概念框架

大概念框架是整合历史知识的总抓手，教师首先要围绕教学主题，科学设计概念框架。这个框架应该层次分明、结构合理，能涵盖教学单元的主要内容，揭示事物发展的基本规律。教师在设计时，要把握以下要领：

1. 突出核心概念。要紧紧抓住反映历史本质、规律的核心概念，将其作为构建知识体系的轴心。如学习中国古代政治制度时，"君主专制"应是贯穿全篇的核心概念。

2. 梳理下位概念。在核心概念的统领下，要根据历史发展的阶段和侧面，提炼出层层递进的下位概念。如与"君主专制"相关联的，可概括出"分封制""郡县制""宰相制"等下位概念。

3. 凸显概念联系。要重视揭示核心概念与下位概念的内在联系，使概念框架成为一个有机整体。如"三省六部制"是中国古代"君主专制"制度完善和强化的标志，两个概念之间有着本质的内在联系。

（二）合理组织教学内容

构建了大概念框架，要进一步将史实材料纳入其中，实现概念框架与教学内容的契合。这就需要教师对教学内容作出合理取舍和优化组织。主要策略如下：

1. 理清脉络，突出主干。要对教材内容作宏观梳理，按照历史发展的基本线索，抓住反映主要矛盾和冲突的重大事件、关键环节，使教学内容前后贯通、主次分明。

2. 化繁为简，突出重点。要精选典型史实，突出能体现历史特征和规律的关键知识点，剔除过于琐碎和边缘的内容，使知识结构集中凝练，便于学生理解和记忆。

3. 纵横比照，突出联系。要注意史实之间的纵向联系和横向比较，通过梳理历史发展的延续性，比较不同地区的共性差异，使学生在关联中加深理解，在比较中把握特点。

（三）创设问题情境，促进探究学习

历史知识的学习绝非被动接受，学生只有在主动探究中，才能真正实现对知识的内化和升华。因此，教师要创设富有吸引力的问题情境，引导学生围绕大概念开展探究。主要策略如下：

1. 设置悬念，激发好奇。以问题导入新课，设置悬念，调动学生探究的欲望。如学习戊戌变法，可设问：变法为何以失败告终？

2. 层层设疑，深入探究。围绕核心概念，层层设置探究问题，引导学生逐步深入。如探究戊戌变法失败原因，可就"变法""守旧势力""帝后反对"等相关概念提出递进的问题。

3. 合作探讨，激荡思维。组织学生合作学习，通过小组讨论、辩论等形式，碰撞交流不同见解，在争鸣中加深对大概念和知识的理解。

4. 拓展延伸，关联现实。引导学生运用已有知识和方法，就现实问题进行探究，培养知识迁移能力。如从戊戌变法的失败教训，思考深化改革应注意的问题。

（四）精心设计复习总结

知识的掌握和巩固，离不开科学的复习总结。教师要将复习总结融入教学全过程，并专门进行阶段性、综合性的复习设计，引导学生在总结概括中提升对知识的理解和运用。主要策略如下：

1. 概念梳理，提升概括。引导学生系统梳理学过的核心概念和下位概念，用概念框架整合串联知识要点，在归纳概括中加深对概念内涵的理解。

2. 综合比较，拓宽视野。引导学生就不同专题、不同时期的知识进行综合比较，揭示历史发展的联系性和多样性，拓宽学生的历史视野。

3. 图表展示，直观形象。指导学生绘制各种图表，用思维导图、框架图等形象化方式，呈现知识的逻辑结构和概念关联，加深印象。

4. 现实关联，学以致用。引导学生运用概念视角观察现实，就现实问题表达见解，在践行中提升综合运用知识的能力。

综上所述，将历史知识整合进大概念框架，需要在概念框架构建、教学内容组织、探究情境创设、复习总结设计等环节，进行科学规划和精心实施。这是一个系统工程，需要教师在教学实践中不断摸索、反思，形成适合校情学情的有效策略。唯有如此，大概念教学才能落到实处，历史课堂才能绽放出全新的活力。

当然，大概念教学绝非一蹴而就，它对教师的专业素养提出了更高要求。这就需要教师树立大概念教学意识，不断更新知识结构，优化教学设计，提升课堂驾驭能力。更为关键的是，要将大概念教学理念渗透到对整个高中历史课程的把握之中。唯有从课程的高度来统筹设计，大概念教学才能形成合力，汇聚成推动历史课程变革的动力之源。

四、大概念驱动下的历史课程设计

大概念教学不是就具体的课时而言，而应该通观整个历史课程。因为概念的形成需要在知识积累的基础上提炼，需要在不同专题、不同学段中反复渗透，日积月累，最终建构成学科核心素养。所以，大概念教学理念要落实到对整个历史课程的重构之中，形成大概念驱动下的系统性课程方案。这就需要在以下几个方面进行精心设计：

(一) 基于大概念的课程目标定位

课程目标是课程设计的逻辑起点，对课程内容、实施路径具有决定性影响。因此，应该根据大概念教学理念，对历史课程目标作出重新定位。主要考虑：

1. 突出概念理解。将对核心概念的理解和把握作为课程目标的首要维度，强调学生应理解每一核心概念的来龙去脉、内在逻辑。

2. 关注能力培养。强调学生应在概念学习中逐步掌握历史解释、历史论证等学科关键能力，在分析问题、解决问题中学会运用概念。

3. 凸显价值塑造。彰显概念学习对学生价值观、人生观的引领作用，促进学生在对历史规律的认识中形成正确的世界观和方法论。

(二) 基于大概念的课程内容选择

在明晰课程目标的基础上，应对教学内容进行适当取舍，凸显对大概念学习的支撑作用。主要考虑：

1. 概念视角选择内容。立足核心概念，围绕其形成和发展脉络，选择具有典型性、代表性的史实内容，力求以小见大、以点带面。

2. 概念联系组织内容。梳理不同概念之间的逻辑联系，科学组织课程单元，使不同单元相互支撑，形成概念学习的阶梯序列。

3. 概念迁移拓展内容。关注与其他学科的概念联系，适度引入跨学科视角和方法，拓展学生概念迁移运用的空间。

(三) 基于大概念的课程实施策略

课程目标和内容确定后，还需要周密设计课程实施方案，将大概念教学落实到日常教学的方方面面。主要考虑：

1. 重构教学流程。打破以教材为中心的传统教学流程，确立以概念探究为主线的教学程序，灵活设计导入、探究、总结等不同教学环节。

2. 创新教学方法。大胆探索案例教学、问题探究、小组合作等多种教学方法，为学生概念学习创造自主、合作、探究的空间。

3. 优化教学评价。革新单一的结果性评价，建立重概念理解、重能力提升、重价值引领的多元评价体系，引导学生关注学习过程和方法。

4.整合教学资源。充分利用图书、博物馆、纪念馆等各类资源，创设丰富的概念学习情境；运用信息技术手段，为学生概念学习搭建交互平台。

（四）基于大概念的课程评价改进

课程实施是一个不断反思、不断改进的过程。为优化大概念教学实效，需要构建科学的课程评价机制。主要考虑：

1.评价主体多元化。吸纳教师、学生、家长、社区等主体参与评价，形成多视角、全方位的评价合力。

2.评价内容综合化。评价不仅看重对核心概念的理解程度，也关注学生在概念学习中的能力提升和价值成长。

3.评价方式多样化。运用测验、观察、访谈、档案袋等多种评价方式，动态评估学生概念学习的进展和效果。

4.评价结果应用化。及时将评价结果反馈到教学全过程，不断调适完善课程目标、内容设置和实施策略。

概括而言，大概念驱动下的历史课程设计，是一个环环相扣、系统优化的过程。从目标定位到内容选择，从实施策略到评价改进，每个环节都要立足大概念教学理念，突出概念的主线地位和关键作用。这需要教师审时度势、因地制宜，将大概念教学理念与本校实际紧密结合，加以生动实践。

当然，推进大概念教学绝非一蹴而就，它需要所有历史教育工作者的共同努力。这就需要我们树立终身学习意识，虚心向专家、同行学习，博采众长，在实践中不断积累经验、总结规律。同时，还要积极回应时代要求，紧跟历史学科的理论前沿，将新的研究范式、解释框架及时转化为教学智慧，为大概念教学注入新鲜血液。

历史教育肩负传承文明、启智未来的神圣使命。面对新时代的机遇和挑战，历史教师要以开放、创新的胸襟，拥抱大概念教学这一充满想象力的探索。在学思践悟中，不断推进大概念教学实践，以学生的全面发展为中心，着眼培养担当民族复兴大任的时代新人，为历史教育事业增光添彩。让我们携手同行，在历史的星空下，共同开创历史教学的美好明天。

梳理历史教学中的大概念，研究大概念教学的理念和实践，是一项富于创见、影响深远的工作。通过本章的写作，我对大概念教学有了更加系统深入的认识。这一过程不仅拓宽了我的教育视野，更坚定了我推进历史教学变革的信心和决心。

历史是最好的教科书。在历史长河中，蕴藏着人类智慧的结晶，也充满着跌宕起伏的故事。如何点石成金，从历史的尘埃中发掘智慧的光芒？大概念教学为此开启了一扇窗户。它告诉我们，学习历史不能停留在表象，而要透过现象看本质；不能满足于罗列史实，而要升华理性认识。以大概念为经，以典型事例为纬，在抽象和具体的辩证运动中，学生才能建构起庞大的历史知识体系，才能领悟历史的发展规律和内在逻辑。

大概念教学不仅为学生开启了理解历史的新视角，也为教师专业发展提供了广阔舞台。在探索大概念教学的过程中，我越来越意识到教师学科素养的重要性。唯有厚积薄发，广泛涉猎各类史学名著，深入研读权威学术期刊，紧跟历史研究前沿动态，才能选择最具概括性和解释力的核心概念。同时，还要不断更新教学理念，革新教学方法，跳出思维定式，以发展的眼光审视知识，灵活机动地设计教学。这些都对教师提出了更高要求，也昭示了教师专业发展的无限可能。

实践大概念教学，要着眼课堂，放眼课程。一堂精彩纷呈的历史课，源于教师扎实细致的教学设计，更有赖于学校、社会的大力支持。这就需要我们站在课程的高度，统筹规划大概念教学，在目标、内容、实施、评价等各环节系统设计，上下贯通、步步为营。同时，要主动争取学校领导和同行的理解与支持，在凝聚共识中形成教学合力。只有课程的顶层设计与课堂的具体实施紧密结合，大概念教学的长效机制才能建立，丰硕成果才能结出。

百年大计，教育为本。培养社会主义建设者和接班人，是教育的根本任务，也是历史教育的神圣职责。在历史课堂中渗透大概念教学，引导学生以历史的视野观察世界，以历史的智慧解读人生，对于坚定文化自信、涵育家国情怀、塑造高尚品格，具有重要意义。站在"两个一百年"的历史交汇点上，面对中华民族伟大复兴的光明前景，历史教师更应不忘初心、牢记使命，在大概念教学的实践中育新人、铸国魂，用"大历史观"培养"大国工匠"。

雄关漫道真如铁，而今迈步从头越。在历史教学的漫漫征程上，机遇与挑战并存，荣光和汗水同在。让我们高举大概念教学的旗帜，脚踏实地，开拓进取，向着历史教育的美好明天阔步前行！我相信，在不远的将来，当一个个鲜活生动的历史概念在课堂里活跃，当一双双渴求知识的眼睛因领悟而闪亮，历史教育必将迎来又一个春天的盎然！

第三章　深度课堂及其教学设计

　　教育的本质在于唤醒每一个学生心中对知识的渴望，激发他们探索未知世界的勇气与热情。作为一名高中历史教师，我一直在思考，如何才能打破传统课堂教学的桎梏，为学生营造一个能够深度参与、主动思考、积极讨论的学习环境？经过多年的教学实践与探索，我逐渐形成了自己的一套深度课堂教学理念与策略。

　　本章以高中历史教学为例，系统阐述了深度课堂的内涵与特征，介绍了多种行之有效的教学方法与策略，重点探讨了如何通过精心设计师生互动、小组合作等环节，充分调动学生学习的主动性，培养学生的批判性思维、创新意识和学科核心素养。同时，本章还结合新课改背景下历史学科的教学目标与要求，提出了基于大单元的教学设计思路，力求帮助一线教师构建系统化、结构化的历史课程体系。

　　随着信息技术的飞速发展，人工智能、大数据等新兴技术正深刻影响和重塑着教育生态。本章最后一节重点探讨了智能时代背景下深度课堂的应用场景与发展趋势，分析了技术赋能教学的机遇与挑战，提出了一些值得借鉴的智慧教学解决方案。

　　历史是最好的教科书。在历史这面镜子中，我们更容易看清人性的复杂和社会发展的规律。在教学中引导学生换位思考、多角度分析历史事件，有助于学生形成全面客观的历史观，提升人文素养与公民意识。这正是深度课堂的意义所在。

第一节 深度课堂的核心理念与特征

一、深度课堂的内涵界定

(一)"深度"的内涵

谈到"深度课堂"，我们首先需要厘清"深度"一词的内涵。"深度"是一个形容词，原本用来描述空间纵向的距离或程度，引申为事物的彻底、透彻的程度。在教育语境中，深度学习（Deep Learning）是一个备受关注的概念，它强调学习者在学习过程中的深度参与、主动建构和意义生成。深度学习不同于肤浅的、机械地记忆和重复，而是要求学习者将新知识与已有经验建立有意义的联系，通过对知识的理解、分析、评价和创造，形成自己独特的见解。

具体到课堂教学，深度课堂指的是以促进学生深度学习为宗旨而开展的一种新型教学形态。在深度课堂中，教师不再是单纯的知识传授者，而是学习的组织者、引导者和促进者；学生也不再是被动的接受者，而是学习的主人，通过主动参与课堂，与教师、同学积极互动，去主动建构知识体系，提升思维能力。可以说，深度课堂是以学生发展为中心，注重培养学生核心素养的一种先进课堂形态。

(二) 深度课堂的理论基础

深度课堂的提出，有着深厚的理论基础。其中，建构主义学习理论、人本主义学习理论、学习科学理论等，都为深度课堂的形成提供了重要启示。

建构主义学习理论认为，知识不是通过教师传授获得，而是学习者在一定情境下，利用学习资源，通过意义建构的方式而获得。学习是学习者根据自己的经验背景，对外部信息进行主动地选择、加工和处理，从而构建自己的意义或解释的过程。这就要求教师转变角色，学会组织教学情境，为学生提供丰富的学习资源，引导学生通过实践和探索去主动建构知识。

人本主义学习理论强调以学生为中心，充分尊重学生的个性发展。著名人本主义心理学家罗杰斯提出，教师要成为学生学习的"促进者"，营造一个宽松、自由的教学氛围，激发学生的内在潜力，引导他们通过自我发现去实现个性化发展。这对深度课堂营造师生平等、民主、和谐的课堂氛围，激发学生参与热情具有重要启示。

学习科学理论是在认知科学、人工智能等多学科交叉融合的基础上形成的。学习科学理论借助脑神经科学等认知研究成果，从信息加工的角度阐释人的学习过程，强调学习环境（包括学习资源、工具）对学习的重要影响。学习科学理论中的分布式认知、具身认知等观点，对深度课堂教学设计中注重利用信息技术手段创设真实情境、开展探究活动等，具有重要指导意义。

深度课堂作为一种全新的教学形态，不是简单地对传统课堂的改良，而是植根于以上学习理论，力求变革传统的师生关系和课堂结构，最终实现促进每一个学生全面而有个性地发展。

二、深度课堂的核心特征

经过多年的探索实践，深度课堂逐渐形成了自己鲜明的特色。归纳起来，主要有以下几个核心特征：

(一) 学生主体地位凸显

在深度课堂中，学生是学习的主人，课堂教学必须充分体现学生的主体地位。这主要体现在：一是尊重学生的个体差异，根据学生的认知特点、兴趣爱好等进行因材施教；二是突出学生在学习过程中的能动性，为学生提供表达看法、展示才华的机会，让学生成为课堂的主角；三是注重培养学生的自主学习能力，引导学生自主提出问题、制定计划、评价反思，逐步掌握学习的主动权。总之，学生作为课堂的主体，教师要向学生释放足够的自主权，最大限度地调动学生学习的内在动力，发挥学生的主观能动性。

(二) 师生互动更加频繁

深度课堂打破了传统的师生关系，倡导师生之间平等、友好、互信的关系。师生互动不再局限于简单的问答，而是更注重平等对话、思维碰撞。教师要放下权威，摆正位置，学会聆听学生的声音，接纳学生的观点，和学生一起畅所欲言地探讨问题。互动的形式也更加多样，深度对话、小组讨论、课堂辩论等，都是有益的互动手段。教师要善于利用多种互动形式调动学生参与积极性，营造宽松、愉悦的互动氛围，构建教学相长的师生关系。

（三）小组合作学习普遍

小组合作学习是深度课堂的重要学习方式。教师根据教学内容和学生特点将学生分成若干小组，布置富有挑战性的学习任务，引导学生在小组内开展讨论、分享、探究等活动。小组成员在互帮互助中取长补短，通过头脑风暴碰撞思想火花，在合作探究中共同建构知识，这有利于培养学生的团队意识和协作能力。教师要精心设计适合合作学习的任务，合理搭配小组成员，为合作学习创造条件。小组合作学习有利于学生互相启发、共同提高，是深度课堂中开展探究学习的有效载体。

（四）聚焦学科核心素养

深度课堂的教学目标不再局限于知识的传授，而是更加关注学生核心素养的培养。所谓核心素养，是指学生应具备的、能够适应终身发展和社会发展需要的必备品格和关键能力，是学生知识、能力、情感等多方面在实践中的综合体现。以历史学科为例，学科核心素养主要包括时空观念、史料实证、历史解释、家国情怀等。这就要求教师在备课时，不能只关注知识点，而要深入分析知识背后所蕴含的思想方法和情感态度，在教学中通过创设问题情境、开展探究等方式，引导学生在学习知识的同时提升学科素养。教学内容的选择、教学活动的设计、学业评价的实施都要聚焦核心素养，真正做到"育人为本、立德树人"。

（五）重视过程性评价

与传统的重结果、轻过程的评价方式不同，深度课堂更加重视过程性评价。过程性评价关注学生在学习过程中的表现，强调学生的进步和发展。评价主体除了教师，还要重视发挥学生的自评和互评作用。评价内容不仅包括学习成绩，还包括学习态度、学习方法、合作表现等。评价方式力求多样化，课堂观察、学习日志、成长档案袋等都是常用的评价形式。过程性评价有利于促进学生反思自我、相互借鉴，增强学习信心，改进学习策略。教师要本着发展性评价的理念，真正发挥评价的激励引导功能，为学生的个性化发展提供恰当的指导。

(六) 注重学习方式变革

深度课堂对学生的学习方式提出了新的要求。在学习资源方面，学生不能只局限于课本，而要学会利用网络、图书馆等渠道主动搜集课程相关资源，拓宽知识面；在学习过程中，学生要勇于提出问题，敢于质疑权威，通过深度思考形成自己的见解；在学习形式上，学生要学会手脑并用，在动手实践中感悟和内化知识；在与他人互动时，学生要善于倾听、善于表达，学会换位思考、乐于合作。可以说，深度课堂对学生的自主学习、探究学习、协作学习等能力都提出了更高的要求。教师要成为学生学习方式变革的助推器，通过科学设计教学活动，引导学生掌握先进适用的学习方法，逐步塑造"深度学习"的能力。

总之，深度课堂是一个"以学生发展为中心"的课堂，通过重构师生角色，变革教与学的方式，优化教学评价手段，力求实现"教"与"学"的最佳契合，为每个学生的全面发展和个性发展提供广阔的舞台。这些特征集中体现了新课改以来我国基础教育关注学生核心素养培养、注重自主探究学习等一系列新理念，代表了当前先进课堂的发展方向。任何教学改革都离不开教师的智慧和努力。深度课堂的打造，有赖于广大教师在教育教学理念和实践上的持续创新。唯有不断增强改革意识，勇于突破传统桎梏，才能最终实现从"教学者为中心"到"学习者为中心"的根本转变，为莘莘学子插上腾飞的翅膀。

第二节　深度课堂的教学策略与方法

在厘清深度课堂内涵和特征的基础上，本节将重点探讨深度课堂的教学策略与方法。教学策略和教学方法是深度课堂的灵魂，直接决定着课堂教学的质量和效果。深度课堂不是简单地拼凑一些教学环节，而是要将课堂的每一环节都赋予新的内涵，优化组合成最佳的教学流程，引领学生走向深度学习。结合多年教学实践，笔者概括总结了以下几种行之有效的策略与方法，供广大教师参考。

一、问题导学，激发学习兴趣

兴趣是最好的老师。苏联教育家苏霍姆林斯基曾指出："如果教学过程唤起学生浓厚的兴趣，那就不需要强制学生学习。"引发学生的学习兴趣，是深度课堂教学的首要任务。在深度课堂中，创设有吸引力的问题情境，引导学生带着问题去学习，是激发学习兴趣的重要策略。

具体来说，教师要基于教学内容和学情，精心设计与学生生活经验相联系、与教材内容相呼应、具有一定挑战性的问题，以此导入新课。这些问题可以是一个令人好奇的历史之谜，可以是一段发人深省的历史评论，也可以是几组存在矛盾的历史资料。问题情境要尽可能贴近学生生活，与学生已有认知结构形成冲突，引发学生探究的欲望。

以人教版高一历史必修一专题一《古代中国的政治制度》为例。在导入"三省六部制"这一内容时，教师可以先抛出这样一个问题："据史书记载，北宋时期中书舍人欧阳修奉旨修订五代史。他发现五代时期藩镇势力抵御外敌有功，却在史书中多被描述为反叛者形象。欧阳修感慨：'前代之君臣，生民之父母，岂可因事异而不书，世远而不传哉？'于是欧阳修在编写过程中如实记录，并未受当时统治者的意志左右。请问这反映了当时什么样的政治制度特点？又给了我们怎样的启示？"这一问题与学生已有认知产生碰撞，以一名古代史官的经历为切口，引发学生进一步思考政治制度背后的深层原因，既拉近了学生与历史的距离，又在潜移默化中培养学生实事求是的治史态度。学生带着这些疑问去学习三省六部制的来龙去脉，思考中央集权制度的利弊，必然会提升学习兴趣。

当然，教师提出的问题要具有开放性，不能只有标准答案。教师要鼓励学生提出不同看法，允许存在分歧，引导学生通过进一步搜集资料、深入讨论去解决问题。在问题解决的过程中，学生的探究意识、批判性思维等也得到锻炼和提升。

总之，精心创设问题情境导入新课，能够激发学生的好奇心，使学生带着兴趣、带着困惑主动投入学习，在问题解决中获得学习的喜悦，真正成为学习的主人。俗话说"好的开头是成功的一半"，教师要充分认识问题导学的重要性，下足功夫去备课，以学生为中心去设计问题，为深度学习奠定良好基础。

二、自主探究，培养思维品质

传统课堂中，学生主要通过听讲接受知识，忽视了学生自主探究的过程。美国教育家杜威曾指出，教育的目的不在于传授现成的知识，而在于要训练学生获得知识的方法。在深度课堂中，教师要为学生提供自主探究的时间和空间，引导学生在探究过程中发展思维、掌握方法、内化知识，这是落实学生主体地位、提升学生思维品质的关键所在。

探究式学习强调学生要带着问题去主动探索，而不是被动接受现成答案。以人教版高二历史选择性必修一《古代中国经济的基本结构与特点》为例。学习这一专题时，教师不能直接讲授农业、手工业、商业的发展，而是要引导学生通过小组合作学习的方式，搜集整理相关的历史资料，梳理古代经济发展脉络，归纳经济结构的基本特点。学生可以分工合作，有的同学负责农业，有的同学负责手工业，有的同学负责商业，还可以设置若干跨组专题如"官营经济""互市贸易"等，增强探究的广度和深度。学生可以利用图书馆、网络以及实地走访等多种途径搜集资料，对资料进行甄别、比较、分析，形成阶段性探究成果。在探究过程中，学生逐步构建起关于中国古代经济发展的知识体系。

需要注意的是，教师要精心设计适合学生的探究任务，为学生的自主探究提供必要的引导和帮助。一是探究主题要基于学情，难度适中，不要太过空泛和复杂；二是提供恰当的探究资源，如图书资料、网络资源等，便于学生检索利用；三是明确探究的目标、步骤、时间和成果呈现方式，使学生的探究过程更加条理化；四是关注探究过程，及时给予指导和反馈，发现问题及时纠偏，维持探究的深度和广度；五是总结反思探究成果，引导学生评价自己和他人的探究历程，梳理知识，提升探究能力。

在自主探究过程中，学生的思维得到发展。他们通过主动阅读、分析、概括资料，加工、转化、重组信息，形成自己对历史问题的理解和判断，建构属于自己的知识体系。探究过程对学生提出了更高的要求，学生要调动观察力、想象力，要学会推理、论证，还要进行比较、综合，这些无不有助于培养学生的历史思维能力。长此以往，学生的思维品质必然会得到提升。

当然，并非每一堂历史课都需要大规模探究。教师要根据教学内容合理安排，可以开展不同深度、不同广度的探究，如课堂内的小探究、课后的延伸探究、个人探究与小组探究结合等。关键是要体现学生学习的过程性、开放性，培养学生自主学习、独立思考的意识和能力。以自主探究为主导，辅之以适当讲授，必将极大地促进学生思维发展，提升学生分析问题、解决问题的能力。

三、合作学习，发展综合能力

合作学习是深度课堂的重要学习方式。在小组合作学习中，学生通过互帮互助、优势互补，共同完成超越个人能力的学习任务，在合作互动中获得知识技能，锻炼思维能力，培养合作意识。可以说，合作学习是深度学习的生成途径，对学生多方面能力的发展大有裨益。

开展合作学习，教师首先要科学分组，综合考虑学生性别、学习基础、兴趣特长等因素，将学生异质组合。一般4—6人一组为宜，便于任务分工和成员互动。其次，教师要提出适合学生合作的学习任务，任务应高于学生个人独自完成的难度，需要组员共同参与才能完成，但也不能太难，以免打击学生的积极性。任务可以多样，如围绕一个历史人物收集资料并制作手抄报，设计一个历史情景剧本等。

以人教版高二历史必修三《近代中国经济结构的变动与资本主义的曲折发展》为例。学习这一专题时，教师可以提出这样一项小组合作任务："请小组成员分角色扮演晚清洋务派官员（如李鸿章、左宗棠等）、外国商人、中国民族资本家，以'中国是否需要学习西方'为话题展开讨论，阐述你对洋务运动、不平等条约、资本主义发展等问题的看法。"通过这样的合作学习，学生可以充分利用课内外资源，通过小组讨论确定分工，搜集相关历史资料，撰写发言提纲。学生可以走进历史情境，以不同视角审视历史，加深对历史事件与人物的理解。角色的扮演和互动，有助于学生换位思考，学会倾听他人观点，提升表达能力。小组分工合作的过程，也有利于培养学生的组织协调能力和集体意识。

合作学习要注重过程。教师要为学生的合作学习提供指导和必要的支持，但不应过多干预。教师可以作为"润滑剂"，适时参与小组讨论，启发学生思考，调节讨论气氛，督促学习进度。教师还要做"总设计师"，适时开展全班范围内的交流讨论，组织学生互相评议，小组间互相借鉴，分享合作学习成果。合作学习的过程就是学生生成知识、内化知识的过程。学生在讨论质疑中获得新知，在评议反思中强化新知，在分享展示中应用新知，知识在合作互动中得以深化。

需要强调的是，开展合作学习要突出学生的主体性，教师不能简单地"放羊"，而是要在必要时提供适度的引导和帮助。合作学习的小组成员要明确分工，互相尊重，通过头脑风暴激荡思维火花，讨论过程中要体现民主、包容、求同存异的品质。评价合作学习要注重过程性评价与总结性评价相结合，教师评价、小组互评与自评相结合。评价不仅要看重学习成绩，更要关注合作技能、思维能力等方面的提升。

总之，开展合作学习，让学生在互动交流、资源共享中完成知识建构，在小组讨论、成果呈现中锻炼语言表达、逻辑思辨等能力，对学生自主学习能力、创新意识、合作精神的培养大有裨益。建构主义学习理论认为，学习本质上是一种协作式的对话，是学习者借助他人的帮助实现知识意义建构的过程。合作学习正是这一理念的生动实践，是深度课堂促进学生全面发展的重要途径。广大教师要充分认识合作学习的独特价值，科学设计教学流程，精心组织教学活动，不断提高合作学习实效，促进学生在合作中共同发展、共同提高。

四、案例教学，关注学以致用

案例教学是指教师围绕某一专题，选择典型案例，引导学生分析、讨论，在此基础上得出结论，将所学知识应用到实践的一种教学方法。案例教学通过一个个鲜活生动的案例，将理论与实际相联系，引导学生在分析案例的过程中发现问题、分析问题、解决问题，不仅巩固了知识，更重要的是学会举一反三，关注知识的应用价值。这对于提升学生运用知识分析现实问题的能力，培养学生理论联系实际的学科素养，具有重要意义。

选择合适的案例是案例教学成功的关键。教师要根据教学目标和学生实际，选择具有典型性、时代性、趣味性的案例。案例要能引发学生兴趣，激发分析、探究的热情；要具有一定的广度，便于学生从不同角度分析问题；要与教学内容密切相关，能够帮助学生更好地理解所学知识；要联系学生生活实际，让学生感受到所学知识的现实意义。此外，案例资料要准备充分，可以通过课本、网络、实地调研等途径收集整理。

以人教版高二历史选择性必修二《20世纪的战争与和平》为例。讲授第一次世界大战时，教师可以补充介绍"萨拉热窝事件"，设计这样一个案例分析题目："请分析萨拉热窝事件在多大程度上影响了第一次世界大战的爆发？如何评价加夫里洛·普林西普刺杀斐迪南大公夫妇的行为？假如你是当时的欧洲政要，你将如何化解危机，避免战争？"通过分析这一案例，学生能够站在不同角度审视历史事件，了解一战爆发的深层次原因，在争论中提升历史思维能力，加深对和平与发展时代主题的认识。学生还能结合现实，思考在国家利益交织、民族矛盾凸显的背景下，如何化解矛盾，维护和平，从而培养理性、和平、法治的意识。

在组织案例教学时，教师要设计好环节。首先要呈现案例，向学生介绍案例的背景、经过、影响等，要精练概括，抓住要点。接下来是案例分析，可以提出若干问题，引导学生围绕案例展开讨论，教师适时参与，点拨疑难。讨论可以通过小组合作的形式，鼓励学生畅所欲言、活跃思维。最后是总结提炼，教师要引导学生梳理案例分析要点，将其与所学知识相联系，升华认识，内化为自身的思想和行动指南。适当的拓展延伸，引导学生联系现实，也有助于巩固教学效果。

需要注意的是，案例教学不能仅停留在案例层面，而要引导学生透过案例看本质，探究历史发展的内在规律。教师还要关注学生在案例分析中表现出的能力和素养，如分析问题的全面性、逻辑性，论证的充分性，应用知识解决问题的创新性等，并给予点评指导。通过案例教学，使学生真正做到学以致用，提升运用知识的实践能力。

案例教学是深度课堂倡导的一种重要教学策略，是引导学生在"做中学"的有效方式。苏联教育家赞科夫指出："掌握知识决不能归结为记住一些现成的结论，关键在于经历获得这些结论的思维过程。"案例分析就是学生获得新知的过程，能使知识的习得建立在主动思考的基础之上。教师要重视发掘身边的历史素材，用心研究每个学生的特点，科学设计教学环节，灵活运用案例教学方法，更好地帮助学生内化知识、提升能力、获得全面发展。

五、整合技术，助力智慧教学

随着互联网、大数据、人工智能等现代信息技术的飞速发展，信息技术与教育教学的深度融合日益成为新的趋势。运用信息技术开展教学，有利于创设丰富、真实的学习情境，拓宽课堂时空边界，优化课堂教学流程，为深度学习插上科技的翅膀。在历史课堂教学中合理应用信息技术，对于提升教学实效、助力学生智慧生长具有重要价值。

在深度课堂教学设计中，教师要关注信息技术的教学应用价值，努力将信息技术与教学内容、教学方法等有机结合，真正实现信息技术与教学的深度融合。在导入新课时，可以利用多媒体手段呈现趣味盎然的历史图片、音频、视频等，为学生营造身临其境的感官体验，激发学习兴趣；在自主探究环节，可以引导学生利用网络搜索引擎、在线课程资源等开展研学，实现优质教育资源的共享；合作学习时，学生可以运用在线协作平台分享见解、汇总成果，克服时空局限；在知识总结和拓展提升环节，可以借助思维导图、知识结构图等可视化工具帮助学生系统梳理知识，利用虚拟现实、情景模拟等技术手段创设沉浸式体验，加深知识印象。基于大数据、人工智能的测评系统还可以精准诊断学情，为因材施教、个性化学习提供支持。

以人教版高二历史必修四专题五《社会生活的变迁》为例。学习这一专题时，教师可以充分利用网络资源，引导学生利用"中国农村留守儿童数据报告""改革开放以来中国社会结构变迁""人口老龄化趋势与应对"等权威数据分析近代以来中国社会生活的新变化，利用在线问卷、访谈等形式调研社区居民生活方式的变迁，通过大数据分析挖掘社会结构、就业、消费等方面存在的新趋势、新特点，在实践中加深对知识的理解和认识。学生还可以运用信息技术手段开展小组协作探究，集体撰写调查报告、制作数字展览，生动呈现学习成果。这些技术手段的应用，让历史变得鲜活，知识学习与现实生活紧密联系，有助于学生在亲身实践中培养家国情怀和社会责任意识。

需要指出的是，运用信息技术开展教学要把握好"度"，既不能为用而用，也不能完全依赖。教师要立足学科特点和教学实际，遵循教育教学规律，合理选用恰当的信息技术手段服务教学，真正发挥出技术的优势和特长。在具体应用中，教师要注重课堂效率，防止喧宾夺主，以免技术使用影响正常教学节奏；要加强网络资源筛选，严防不良信息干扰学生视听；要关注学生的实际感受，防止过度使用技术造成学生学习和生活的异化；更要培养学生文明、理性使用信息技术的意识，提升学生的信息素养。只有合理定位、科学应用，现代信息技术才能真正成为深度学习的得力助手。

纵观当前教育信息化发展态势，技术发展日新月异，在线教育异军突起，混合式教学、智慧课堂建设方兴未艾。面对新技术、新模式，广大教师要积极应对，主动作为，在教学中探索信息技术与学科教学的最佳结合点，用好"互联网＋"这个得力助手，不断拓宽学生学习的时空边界，为学生即学即用的智慧学习提供良好支持，助力学生全面发展、个性发展、终身发展。这既是时代发展的必然要求，也是教育工作者的神圣职责。

第三节　深度课堂中的师生互动与合作学习

在深度课堂中，师生互动和学生合作学习是两个不可或缺的环节，对提升课堂教学质量、促进学生全面发展具有重要作用。本节将重点探讨深度课堂中师生互动的有效策略，以及促进学生合作学习的教学设计，力求为广大教师优化课堂教学提供参考。

一、深度课堂中的师生互动

在传统的"满堂灌"式课堂中，教师唱"独角戏"，学生被动接受，师生之间缺乏有效互动。而在深度课堂中，师生互动是课堂教学得以深入、学生获得发展的关键。教育家叶澜指出："没有师生互动，就没有教学；师生互动越有效，教与学的质量就越高。"通过平等、友好、富有成效的师生互动，学生能够获得更多表现的机会，教师也能及时了解学情、因材施教。可以说，有效的师生互动是深度课堂的应有之义。

(一) 师生互动的多样形式

深度课堂提倡多样化的师生互动形式，力求在互动中实现师生之间的平等对话和思维碰撞。根据互动的组织形式，大致可分为以下几种：

（1）一对一互动。即教师与个别学生的互动，多发生在督查学生自主学习、指导学生进行探究等环节。教师要关注每一个学生，通过提问、交流，了解学生的学习进度和思考状况，有针对性地给予指导帮助。

（2）一对多互动。即教师与学生小组或全班学生的互动。小组互动常发生在学生进行小组合作探究时，教师巡视指导，参与小组讨论，启发学生思考，引导学生发散思维。全班互动则贯穿课堂教学全过程，如集中呈现学习成果、开展全班性讨论辩论等，有利于碰撞思想火花，实现共同提高。

（3）生生互动。即学生之间的互动，小组内和小组间都应该倡导平等、民主的互动交流。小组内成员要通过头脑风暴、集体讨论，共同建构知识；小组间可以开展辩论、评议等，加深理解，拓宽视野。生生互动能充分调动学生的参与热情，发挥学生的主体作用。

以人教版高一历史必修二专题三《古代希腊罗马的政治制度》为例。教学"罗马法的起源与发展"时，教师可以先引导学生阅读相关史料，提出疑问，然后组织学生开展小组讨论，围绕"罗马法在多大程度上体现了平等理念""罗马法对后世有何影响"等问题交流看法，鼓励学生自由表达观点。接下来教师可以组织开展全班性的抢答问题环节，学生争相发言，碰撞思想火花。教师还可以将几组观点对立的小组组织在一起，开展"罗马法是否具有进步意义"的辩论赛。通过这些形式多样的互动，学生对罗马法的认识必将更加深刻。教师则通过参与讨论、倾听辩论，全面了解学生的思考状况，有的放矢地引导点拨，增进师生互信。

(二) 师生互动应把握的战略

互动虽"形式"多样，但更应关注互动的"质量"。并非互动的次数多，时间长，效果就一定好。引发学生积极持久地参与互动，关键在于教师恰当的策略。

首先，教师要用心设计好互动话题。好的话题能激发学生兴趣，引发学生深入思考。互动话题要贴近学生的认知水平，难度适中，不能太浅显，也不能太深奥。话题设置要给学生留有思考、表达的空间，不能只有标准答案。

其次，教师在互动中要多倾听、善引导，帮助学生深度思考。面对学生提出的疑问或独特见解，教师不要急于给出答案或评判，而应该鼓励学生说出想法，可以通过追问、转问等方式引导学生说出更多细节，挖掘思考深度。教师还要注意倾听每个学生的声音，让不同观点在碰撞中产生智慧的火花。

此外，教师要关注互动过程中的生成性资源。学生在互动中常会提出一些出人意料的"金点子"，展现出独特的思维方式，教师要善于捕捉，及时唱和，让互动不断深入。互动过程中学生暴露出的认知误区、知识盲点等，也是宝贵的教学资源，值得教师深入挖掘，查漏补缺。

总之，引导学生积极互动，不能只靠"喊口号"，关键要在互动话题、互动策略等方面下功夫。只有精心设计每一次互动，才能引发学生持续的互动兴趣，让师生在互动中共同成长。

（三）创设民主、平等的互动氛围

师生互动绝非简单的"问答"，而应该成为师生之间平等、民主的对话。教师要率先做到平等对待每一位学生，真诚倾听不同声音，以开放、友善的态度对待学生的提问和质疑，努力营造轻松、愉悦、互信的课堂氛围。

具体来说，教师要真正放下权威，摆正与学生的位置，给学生充分表达的时间和空间。面对学生的独特见解，教师不要轻易否定，而要引导学生用事实和论据佐证自己的观点。即便学生观点有偏颇，教师也要耐心疏导，循循善诱，鼓励学生修正、完善自己的想法。对于不愿发言的内向学生，教师更要给予鼓励支持，适时创造表现机会，尽量避免学生参与互动时的挫折感。

此外，教师还要注重言传身教，通过潜移默化的影响，培养学生平等互动的意识。教师要以身作则，带头尊重学生人格，遵循民主、友爱的互动原则，久而久之，学生也会形成民主互动、友好交流的价值观。

总之，努力营造平等、友善、互信的课堂氛围，是师生互动得以深入的前提。在民主、和谐的环境中，学生才会敞开心扉，敢于表达真实想法；教师也更容易走近学生，了解学生需求，形成亦师亦友的关系。这种融洽的师生关系，正是深度课堂追求的境界。

二、深度课堂中的合作学习

合作学习是深度课堂的重要学习方式和组织形式。美国学者科恩认为："小组合作学习为学生创造了一种积极主动地参与学习的社会环境，有利于培养学生的批判性思维能力、分析问题和解决问题的能力以及创造能力。"在历史课堂教学中，精心组织学生开展合作学习，对于发挥学生主体性、促进学习共同体的形成具有重要意义。

（一）合作学习的意义与价值

合作学习通过小组成员之间的互帮互助、优势互补，能够实现个人与集体的共同进步，是一种高效的学习方式。其意义和价值主要体现在以下几个方面：

首先，合作学习有利于促进学生的认知发展。在小组合作探究中，学生通过交流讨论、共同分析问题，可以相互启发，激发思维的火花。学生借助他人的思路、经验，能够突破思维定式，实现认知结构的重组。合作讨论中形成的"认知失衡"，有助于学生反思已有认知，实现知识的内化吸收和创新性建构。

其次，合作学习有助于培养学生的合作意识和团队精神。在小组合作中，学生需要明确分工、互相配合，在协调与妥协中达成共识，完成共同的任务。这一过程有利于培养学生的责任意识、沟通能力、宽容态度等，为学生将来走向社会、融入集体奠定基础。历史学科的许多学习任务需要分工合作、群策群力，才能发挥出合作学习的独特价值。

此外，合作学习还能够促进学生的情感交流与价值观塑造。在平等、民主的小组氛围中，学生敞开心扉，畅所欲言，学会换位思考，懂得尊重他人。同学之间在交流碰撞中建立了深厚友谊，形成了积极向上的价值追求。这种润物无声的影响，对学生人格的健康发展具有重要意义。

总之，合作学习符合学生身心发展规律，是促进学生认知发展、情感提升、能力培养的有效途径。教师要充分认识合作学习的独特价值，本着"教学相长"的理念，精心设计教学活动，为学生搭建合作交流的平台，指导学生掌握科学的合作学习策略，最终促进学生全面发展。

（二）合作学习的有效策略

组织学生开展合作学习，教师需要把握以下几点：

首先，精心设计适合学生合作的任务。合作学习的任务要体现整体性和多样性。整体性是指任务需要小组成员分工协作才能完成，小组成员要明确分工、相互依赖、优势互补。多样性是指任务设置要为不同学习风格、能力水平的学生提供参与机会，让每个学生都能找到适合自己的位置，获得表现的舞台。任务的难度要适中，难度太低，学生提不起兴趣；难度太高，学生又望而却步，找不到合作的起点。

其次，合理进行小组的划分与搭配。小组人数以4—6人为宜，便于分工和管理。小组成员要进行异质分组，综合考虑学生性别、能力、兴趣、性格等因素，力求组间同质、组内异质。小组成员的搭配还要照顾学生的意愿，让学生与志同道合者为伍。小组组建后，要帮助成员明确角色分工，培养默契的合作关系。

再次，做好合作过程的引导与管理。教师主要起"助产婆"的作用，关键时刻给予点拨指导。教师要观察小组互动状态，发现问题及时介入，化解矛盾，疏通障碍。要鼓励学生平等互动、积极参与，提醒学生遵守小组规则，如不打断他人发言，不人身攻击等。对小组成员要给予积极反馈，及时肯定进步，增强其自信心和成就感。

最后，还要注重合作学习的评价与反思。评价合作学习要全面考查学生在知识、能力、情感等方面的收获，关注学生在合作过程中的表现。评价主体除了教师，还要发挥学生的自评、互评作用。评价结果要及时反馈，帮助学生查找不足，改进合作策略。引导小组成员回顾合作过程，反思得失，有助于学生吸取经验教训，提高合作学习的效率。

以人教版高一历史必修一专题三《近代中国经济结构的变动》为例。教学这一专题时，教师可以引导学生通过小组合作的方式，围绕洋务运动、民族工业的发展等专题开展探究。以"洋务运动"为例，教师可以提出这样一个任务："请小组成员分角色搜集资料，分析洋务运动兴办的主要企业及其对中国社会的影响，并派代表介绍情况。"各小组成员可以分工负责军事企业、民用工业、交通运输等不同领域，查阅资料，整理论据。小组组长要协调分工，主持讨论，形成小组成果。教师适时参与小组讨论，提醒学生关注分析的全面性和客观性。小组代表汇报成果后，教师引导各组互相评议，集中讨论洋务运动兴办企业的基本特点及其局限性。通过这样扎实、严密的合作探究，学生必将对洋务运动有全面、深刻的认识。

总之，合作学习要想达到良好效果，教师需要精心设计每个环节，时刻关注小组互动状态，适时给予点拨引导。在科学的策略指引下，学生必将在合作学习中获得全面发展。

三、深度互动与合作的意义构建

深度课堂不仅要让课堂"热"起来，更要让学生动起来、学起来，这就需要从互动与合作中挖掘更多的教学意义。

(一) 在互动中实现学生主体性的建构

师生互动和生生互动的根本目的，在于激发学生参与的主动性，调动学生学习的能动性。通过参与课堂互动，学生的主体地位凸显，主体意识得到强化。学生在互动中提出问题、表达观点、展示成果，成为学习的主角，逐渐成长为学习的主人。互动中教师角色的转变，由主导者变成引导者、合作者，进一步突出了学生的主体性。师生之间平等友好的关系，学生之间民主互助的氛围，也为学生主动发展创造了条件。总之，唯有在良性互动中，学生的主体性才能真正建立起来。

(二) 在合作中实现学习共同体的形成

合作学习的过程，是一个价值观的碰撞、经验的交流、智慧的分享的过程。小组成员在协同探究中，凝聚共识，形成默契，建立起团队归属感。小组成员之间互帮互助、彼此欣赏的关系，师生之间平等互信、共同进步的关系，汇聚成学习共同体应有的特质。学习共同体的形成，有利于改善班级生态，形成团结友爱、积极向上的良好氛围。在共同体中，每个学生都被包容、被尊重，都能实现个性发展。因此，努力构建学习共同体，营造"共同体"文化，是深度课堂的题中之义。

（三）在生成中实现教与学的意义建构

互动与合作既是学生学习的过程，也是生成知识、建构意义的过程。互动碰撞的思想火花，合作探究的创新成果，都是宝贵的教学资源，需要教师用心提炼、系统整理，上升为育人的"元素"。互动合作中暴露出的问题、形成的经验，也是教师反思教学、优化设计的"增长点"。因此，要善于捕捉互动合作中生成的各种资源，挖掘其中蕴含的教学价值，在教学反思中丰富、深化对教与学规律的把握，不断推进教学创新，增强教学实效。如此，互动合作就不再是形式，而是师生共同成长的平台，教与学的意义也在生成中不断深化。

总之，在深度课堂中，师生互动与合作学习是落实学生主体地位、推进学生发展的关键环节。二者相辅相成，相互促进。在互动中，学生个体得以发展；在合作中，学生群体得以提升。互动的生成性资源为合作学习提供动力，合作探究的成果又为互动升华提供平台。广大教师要加深对二者内在联系的认识，精心设计教学活动，为学生搭建互动合作的舞台，在课堂生成中寻找教学智慧，推动课堂教学不断走向深入。

第四节　基于大单元的高中历史教学设计

随着新课改的不断深入，高中历史教学也提出了新的要求。其中，如何打破"一课一得"的传统教学模式，实现课程内容的整合，已成为广大教师关注的焦点。基于大单元的教学设计理念应运而生，为整合历史课程资源、提升课堂教学实效提供了新思路。本节将阐述大单元教学设计的内涵、特点，分析其在高中历史教学中的应用路径，探讨其对培养学生历史学科素养的积极作用。

一、大单元教学设计的内涵与特点

(一) 大单元教学设计的内涵

大单元教学设计是指在对课程标准深入研究的基础上，对教材内容进行宏观把握和整体设计，将相关知识点、问题意识、学科方法等有机整合为相对完整的教学单元，形成系统化、结构化的教学方案的过程。具体到高中历史学科，就是要突破传统的"专题—单元—课时"的编排模式，围绕学科核心概念、关键能力、必备品格等，对教学内容进行重组与整合，构建内容完整、逻辑严密、结构合理的大单元体系。在此基础上，再进行教学目标、学习任务、活动方式、评价考核等具体环节的细化设计，最终形成一个"大单元"教学方案。

大单元教学设计不是对原有教材的简单调整，而是一种全新的教学组织形式。它突破了传统的"线性思维"模式，采取"整体设计、螺旋上升"的理念，将历史知识、历史思维与价值引领高度融合，力求帮助学生形成知识间的内在联系，建构起系统完整的历史学科理解。通过大单元教学，学生能够站在更高的逻辑起点上把握历史发展脉络，在主题探究中实现知识的内化、能力的提升、情感的升华，最终达成学科核心素养的落地。

需要指出的是，大单元教学设计不能简单等同于课程整合。它不仅仅在内容上做文章，更注重学生学习方式的改进，强调体验、实践、探究等环节，努力营造民主、平等、和谐的课堂氛围。因此，大单元教学设计是一项复杂的系统工程，对教师的学科素养、教学智慧提出了更高要求。教师需要具备全局视野和创新意识，善于从纷繁复杂的历史知识中提炼主线，深入挖掘课程资源，优化设计教学流程，最大限度地发挥大单元教学的独特优势。

(二) 大单元教学设计的特点

大单元教学设计是近年来教学理论与实践的新成果，与传统的单元教学相比，主要有以下几个特点：

整体性。即打破传统的"一课一得"模式，将历史学习内容按照一定的逻辑关系整合为相对完整的教学单元，形成结构有序、主题鲜明的系统。例如，可以围绕"工业革命""中国近代化进程"等主题，设计相应的大单元，透过一个个具体事件，引导学生探寻历史发展的内在规律。这种整体化的编排突出了宏观把握，便于学生形成系统认识。

综合性。即充分整合课内外资源，涵盖历史知识、学科方法、史料实践、家国情怀等多个维度。大单元教学设计既包括核心知识框架的搭建，又包括学科思维方法的渗透；既关注历史探究的过程体验，又重视家国情怀、人文关怀的培育。综合性的设计有利于拓宽学生的学习视野，全面提升学生的历史学科素养。

发展性。即遵循学生身心发展规律，充分考虑学生的认知起点、兴趣需求，设计不同层次、进阶式的学习任务，引导学生在"最近发展区"不断攀升。学习目标从感性认识到理性思考，学习任务从知识理解到探究实践，学习活动从引导性到开放性，评价方式从他评到自评，体现出学习的梯度和递进。发展性的设计符合学情，能够调动学生参与的积极性，使每个学生都有机会获得进步与提高。

开放性。即为不同水平、不同风格的学生提供多元选择，通过开放性的学习任务、丰富多样的学习资源、灵活多变的活动方式，鼓励学生个性化学习。开放性还体现在与社会生活的联系上，通过与博物馆、图书馆等社会资源的对接，拓展学习的时空领域。开放性的设计突破了课堂的局限，能够促进学生主动建构知识，提升运用知识的实践能力。

生成性。即关注学生在学习过程中智慧的生长，注重师生互动中知识的生成。教学设计并非一蹴而就，而是在教学实践中不断修正完善的动态过程。生成性理念要求教师树立"教学相长"意识，善于捕捉课堂生成的宝贵资源，将其转化为教学的"增长点"，在反思中优化设计，不断提升教学智慧，最终实现教学相长。

可以看出，大单元教学设计代表了"大单元、大主题、大资源、大课程"的新趋势，体现了学科整合、主题探究、资源拓展等先进理念，是推动课堂变革、促进学生发展的有效途径。广大教师要把握大单元教学的特点，增强使命感和创新意识，以学生发展为本，精心设计每一个教学环节，不断探索大单元教学的规律，为学生全面发展创设良好条件。

二、大单元教学设计在高中历史教学中的应用

面对纷繁复杂的历史课程内容，如何进行大单元教学设计，已成为摆在广大历史教师面前的一道"必答题"。结合多年的教学实践，本节将以人教版高中历史必修课程为例，就大单元教学设计的应用思路与策略作以阐述。

(一) 明晰学科核心素养，凝练大单元主题

高中历史学科核心素养是国家课程标准对学生学科学习的总体要求，是历史教学必须关注的落脚点。因此，大单元教学设计首先要对学科核心素养有清晰把握，并将其作为设计的逻辑起点。例如，我国高中历史学科核心素养主要包括唯物史观、时空观念、史料实证、历史解释、家国情怀等。明晰这些核心素养的内涵，需要教师深入研读课程标准，梳理教材大纲，在教学实践中不断反思升华。只有吃透课标、读懂教材、理解学情，才能真正把握学科核心素养的实质，用核心素养统领教学全过程。

在明晰学科核心素养的基础上，要紧密结合教材内容，凝练出大单元的主题。主题是大单元教学的核心和灵魂，具有高度概括性和统领性，能够将割裂的知识点、单元整合成有机的系统。凝练主题要把握以下要求：一是要体现学科特点，彰显历史学科的独特思维方式和价值追求；二是要契合学情实际，难度适中，便于学生理解和把握；三是要关注现实意义，紧密联系学生生活，体现历史学习的时代价值。一个好的大单元主题，应该具有广度和深度，有利于学生从宏观上把握历史发展脉络，引发学生的探究兴趣，在探究中实现学科素养的提升。

以人教版高一历史必修一为例。该课程共分为政治文明、文化交流、经济发展、科技进步四个单元。教师可以根据这些内容，设计四个大单元："中国古代国家治理的探索与实践""丝绸之路与东西方文化交流""中国古代经济重心的南移""中国古代科技的发展"。这些大单元主题凝练了原有单元的核心要义，同时体现了高度的综合性和概括性，能引导学生从宏观上把握中国古代文明发展的基本脉络。以"丝绸之路与东西方文化交流"为例，该主题整合了"汉代丝绸之路的开辟""东西方文化交流""民族交融与文化认同"等

内容，引导学生探究中外交流对中华文明发展的影响，培养学生开放包容的世界眼光，增强文化自信，这对学生核心素养的提升大有裨益。

（二）重组教学内容，构建内容框架

凝练大单元主题后，教师要对教学内容进行优化重组，构建内容完整、逻辑严密的知识框架。传统的教学内容按章节、课时"原样照搬"，知识点间缺乏内在联系，不利于学生把握知识的系统性。大单元教学设计要突破这种做法，根据主题的内在逻辑，将相关知识点进行梳理、归纳，形成横向联系、纵向递进的有机系统。

在重组教学内容时，教师可以运用主题网络图、概念图、线索图等方式，直观呈现知识间的逻辑关系。要注重挖掘不同知识点的内在联系，如因果关系、并列关系、递进关系等，搭建起纵横交错、环环相扣的立体网络。例如，在设计"中国古代国家治理的探索与实践"这一大单元时，教师可以从"夏商周政治制度的演变""秦朝中央集权制度的形成""汉唐制度的完善"等角度入手，梳理古代政治制度演进的基本脉络。在此基础上，可进一步引导学生探讨政治制度变革的原因，如生产力发展、阶级斗争、民族融合等，分析不同政治制度的利弊，如三公九卿制的分权性，三省六部制的精细化等。这样一个由点及面、由表及里的过程，学生的知识体系逐步建立，对中国古代国家治理的智慧也会有更全面、深入的认识。

需要强调的是，大单元教学设计中的知识框架绝非简单的"拼盘"，而是要体现学科的特点和思维方式。历史学科重在揭示事物的时间性和规律性，因此搭建知识框架时要注重体现历史发展的阶段性、连续性，运用历史唯物主义的基本原理，引导学生把握历史发展的内在规律。例如，在"中国古代科技的发展"这一大单元的教学设计中，教师不能就事论事谈某项科技成果，而要引导学生分析科技发展的社会背景、阶段性特点，探讨科技发展对社会进步的推动作用，感悟劳动人民的伟大创造力，这对学生树立正确的科技观、创新意识大有裨益。总之，大单元教学设计要聚焦学科本质，彰显学科特色，通过主题视角的凝练、知识逻辑的重塑，引领学生从历史的高度审视人类文明的发展，在对话历史中实现自我成长。

（三）创设教学情境，开展主题探究

大单元教学设计不能仅限于知识，更要关注学生能力的培养。为此，教师要创设贴近学生生活、富有时代感的教学情境，引导学生在主题探究中实现学科能力的生成。

教学情境的创设要做到虚实结合，既要还原历史的原貌，又要联系现实生活。可以借助多媒体、VR等技术手段，让历史"活"起来，引发学生的情感共鸣；也可以通过小组讨论、角色扮演等活动，让学生"穿越"回历史情境中，亲身体验、感悟历史。例如，在"丝绸之路与东西方文化交流"大单元的教学中，教师可以利用VR技术再现汉唐时期丝路繁荣的景象，学生身临其境般地感受中外商旅往来、文明交融的盛况。接下来，教师又可以设计一个"丝路使者"的角色扮演活动，让学生分组扮演张骞、班超、玄奘等人物，讲述他们的传奇经历，思考东西方文化交流的意义。学生在情境体验中对知识产生了情感联结，获得了身心的全面投入，学习兴趣被充分激发。

在此基础上，教学要开展主题探究，引导学生发现和解决问题。探究主题要紧扣学科核心素养、聚焦学科关键能力、体现时代精神。探究形式要灵活多样，如个人探究、小组合作探究、项目式探究等。探究过程中，教师要为学生提供丰富的学习资源，搭建探究平台，并给予适时指导。要鼓励学生提出新颖独到的见解，培养质疑和批判的精神。探究成果要与现实生活相联系，在应用中强化探究的意义。

例如，在"中国古代经济重心的南移"这一大单元的主题探究中，教师可以引导学生思考：经济重心南移给中国社会带来了哪些深刻影响？对当代经济发展有何启示？学生通过查阅文献资料，进行小组讨论交流，逐步认识到经济重心南移促进了中国社会经济的发展，推动了民族交融与文化繁荣，增强了中华民族的凝聚力，这对学生树立正确的民族观、文化观具有重要意义。学生还可以联系当前"一带一路"倡议，思考古代南方经济开放、兼容并蓄的特点对今天的启示，这更彰显了历史学习的现实价值。在探究中，学生的时空观念、史料实证、历史解释等学科关键能力得到锻炼，爱国主义情怀、文化自信等核心价值也得以熏陶和升华。

总之，大单元教学设计要重视教学情境的创设和主题探究的开展，在历史与现实的对话中引领学生塑造正确的人生观和价值观，这是落实立德树人、突出学科育人的应有之义。广大教师要发挥创造力，根据教学内容和学生特点精心设计教学活动，为学生插上腾飞的翅膀，让他们在探究历史中收获智慧，实现全面而有个性的发展。

（四）拓展学习资源，促进学科整合

大单元教学设计要重视学习资源的拓展，通过整合课内外资源，搭建起多维立体的资源平台，为学生个性化学习提供支撑。

在资源建设上，要注重课内外资源的有效整合。一方面，要深入挖掘教材资源，将教材中的图表、史料、链接等进行梳理，形成紧扣主题的核心资源；另一方面，要广泛搜集课外资源，如图书、报刊、网络、博物馆等，拓宽学习的视野。例如，在设计"中国古代科技的发展"这一大单元时，除了教材中的插图、表格，教师还可搜集一些反映中国古代科技成就的视频、图片，利用网络平台为学生提供线上自主学习的资源。教师还可以联系博物馆，组织学生开展社会实践，亲身感受中国古代劳动人民的智慧结晶。课内外资源的有机整合，让学生的学习更加丰富多彩，视野更加开阔。

资源拓展还要注重学科整合，通过挖掘不同学科的契合点，实现历史与其他学科的对话。大单元教学为学科整合提供了良好契机，许多历史主题都蕴含着多学科的因素。例如，"中国古代经济重心的南移"这一主题，就可以与地理学科结合，引导学生从区位条件、自然环境等角度分析经济重心南移的原因；与政治学科结合，思考经济发展对政治格局、民生改善的影响；与文学、艺术学科结合，感受南方地区独特的人文气韵。学科壁垒的打破，使学生获得了更加全面、立体的认识，开拓了学习的新境界。

需要指出的是，资源拓展要为学习服务，资源与教学要实现深度融合。教师要发挥资源的导学功能，通过精心设计预习案、学习单等，引导学生主动利用资源进行自主探究，真正实现教学资源的转化和内化。资源使用中还要注重培养学生的信息素养，提高学生对资源的分析、评判和取舍能力。学生通过资源拓展，建构了属于自己的知识谱系，也锻炼了学习能力，获得了更大的发展空间。

总之，资源建设是大单元教学设计的重要一环。广大教师要以开放的眼光审视教学资源，善于从纷繁复杂的资源中捕捉教学的"富矿"，为学生创设个性化、多元化的学习情境。要发挥学生的主体作用，培养学生开发利用资源的能力，让优质资源真正"用"起来，"活"起来。丰富的学习资源必将推动教与学方式的革新，为学生全面发展提供助力。

(五) 创新评价方式，发挥评价导向

评价是教学的"指挥棒"，在很大程度上决定着教与学的方向。大单元教学设计要创新评价理念，建立科学的评价体系，把评价的导向功能落到实处。

首先，评价要体现发展性，关注学生在学习过程中的变化和进步。与传统的终结性评价不同，大单元教学更加强调过程性评价，通过学习档案、成长记录等方式，动态记录学生的学习历程，激励学生不断进取、持续发展。评价不应以分数论英雄，而要以发展的眼光看学生，肯定学生的点滴进步，保护学生的学习积极性。只有让每个学生都感受到成长，评价的激励功能才能真正发挥出来。

其次，评价要突出综合性，既看重知识和能力，更关注学生综合素质的提升。大单元教学设计围绕学科核心素养展开，评价也要聚焦学科素养这个落脚点，考查学生概念理解、逻辑推理、问题解决等关键能力，挖掘学生在情感态度、价值观念等方面的变化。评价要采取多元方式，如学科测试、主题探究、课堂表现、实践活动等，全面审视学生的发展状况。单一的纸笔测验已不能适应时代要求，教师要开发形式多样的评价手段，给学生更多展示的舞台。

此外，评价还要重视学生的参与，发挥学生在评价中的主体作用。教师固然要评价学生，但更要引导学生开展自评和互评。学生通过制定学习计划，反思学习过程，评判学习效果，提出改进策略，一方面提高了自我管理、自我完善的能力；另一方面也增强了学习的主动性。学生之间通过互相评价，取长补短，共同进步，形成了你中有我、我中有你的命运共同体。可以说，学生参与评价的过程，本身就蕴含着极大的教育价值。

以"中国古代国家治理的探索与实践"这一大单元为例。教学中，教师

可以引导学生通过自评，回顾自己在这一单元的收获与不足，如对政治制度演进脉络的把握，对历史人物的评价等，找出学习中的困惑和问题。通过互评，学生相互交流学习心得，启发彼此的认识，如分享在研读史料中的体会，讨论对历史事件的不同看法。教师再针对学生的自评、互评结果进行点拨，肯定进步，指出不足，帮助学生查漏补缺、纠正认识偏差。如此一个"自评—互评—教师评"的闭环，让评价贯穿始终，成为学生自我反思、相互促进的动力。经过大单元教学，学生不仅系统掌握了相关知识，更在评价中养成了自主学习、合作探究的习惯，历史学科核心素养得到了全面提升。

总之，大单元教学设计要用好评价"指挥棒"，树立科学的评价理念，改进评价内容和方式，充分调动教师、学生参与评价的积极性。唯有创新完善评价机制，建立常态化的反馈渠道，教学才能不断优化，学生才能获得持续发展。广大教师要在评价改革中砥砺前行，让评价真正成为教学创新的助推器，成为学生成长的"里程碑"。

三、大单元教学的意义与挑战

大单元教学设计是新课改背景下的一种新型教学组织形式，代表了历史教学改革的新趋势。它不仅有利于革新教学内容、优化教学过程，更对学生核心素养的培育具有重要意义。本节拟就大单元教学的现实意义以及面临的挑战作以探讨。

（一）整合课程资源，实现课程目标

长期以来，我国中学历史教学存在内容碎片化、结构松散的问题，各知识点间缺乏内在联系，学生难以形成历史知识和能力的整体性。大单元教学设计通过主题引领、内容重组，将零散的课程资源整合成有机系统，搭建起内容完整、结构清晰的知识框架。学生在主题探究中融会贯通、触类旁通，逐步建立起系统完整的历史认知。从这个意义上说，大单元教学是课程整合的有效形式，是实现课程目标的必由之路。

具体来说，大单元教学通过主题的凝练，将学科核心素养细化、具体化，使课程目标"落地生根"。例如，通过"中国古代经济重心的南移"大单元教学，学生在探究经济变迁、民族交融等主题中，时空观念、史料实证等

学科关键能力得到了锻炼，爱国主义情怀、文化自信等核心价值得以培育。可以说，每一个大单元的教学都有利于学科核心素养的生成。大单元之间环环相扣、螺旋上升，使学科核心素养在反复运用中得以强化、内化，最终成为学生自主发展的内驱力。由此可见，大单元教学是课程目标落实的关键环节，将学科育人的宏大理想化为了具体可感的教学实践。

此外，大单元教学还拓展了课程资源的时空维度，有利于学生开阔视野、感悟时代。一个大单元的设计往往跨越不同时期，涉及多个地域，使学生在宏观把握中理解历史的连续性和发展性。资源的拓展又让学生走出课堂，在博物馆、图书馆等场所感受历史的鲜活，在与不同学科的对话中加深认识。由此，学生突破了学科边界，建立起全面认知世界的崭新视角。总之，大单元教学不仅整合了课程，更升华了资源，最大限度地发挥出课程的育人功能。

(二) 创新教学模式，突出学生主体

传统的历史教学往往以"满堂灌"为主，教师唱"独角戏"，学生被动接受，课堂缺乏互动和生机。大单元教学设计秉承"教学做合一"的理念，通过主题探究、小组合作等多种形式，最大限度地调动学生学习的主动性，突出学生的主体地位。

具体来说，大单元教学为学生搭建了自主探究的平台。围绕一个核心主题，学生通过查阅资料、小组讨论、成果展示等环节，在亲身实践中建构知识、内化能力。一个个富有挑战的学习任务，激发了学生的好奇心和求知欲，使其在问题解决中获得高阶思维能力的提升。小组合作学习为学生创设了平等互助、积极向上的氛围。学生在头脑风暴、集体讨论中碰撞思想火花，在资源共享、优势互补中取长补短。民主、友爱的团队意识在合作中得以培育，表达、倾听的沟通能力在交流中得以提高。可以说，大单元教学为学生的个性发展、创新发展提供了广阔空间。

更为重要的是，大单元教学还转变了师生角色，重塑了师生关系。教师从知识的权威者转变为学习的引导者，从台前走向幕后，为学生提供资源支持、策略指导，成为点拨迷津、答疑解惑的"助产婆"。学生从被动接受者转变为学习的主人，在自主探究中生成知识、升华能力，成长为真正的学习者。师生之间民主、平等、互信的关系在互动中得以构建，教学相长在交流中得以实现。这种亦师亦友的新型师生关系，是大单元教学的深层内涵，也预示着未来教育的发展方向。

总之，大单元教学创新了教学组织形式，变革了教与学的方式，为学生全面发展、个性发展开辟了广阔前景。在大单元教学中成长起来的学生，必将以宽广的视野、独立的人格、善于合作的品质，成为担当民族复兴大任的时代新人。从这个意义上说，大单元教学是落实立德树人根本任务、培养社会主义建设者和接班人的基础工程，对于提升历史教育教学质量、全面推进素质教育具有重大意义。

（三）提升教师素养，促进专业发展

大单元教学设计对教师的专业素养提出了更高的要求。这不仅体现在教师要全面理解课程标准、深入研读教材教法、系统把握学情特点，更体现在要有课程开发与整合的意识，独立思考与反思的精神，敢于突破传统、勇于变革创新的勇气。大单元教学的实施，倒逼教师加强理论学习，增强问题意识，在实践中磨砺教学智慧，必将极大促进教师的专业化发展。

首先，大单元教学设计锻炼了教师的课程开发与整合能力。教师要围绕学科核心素养，将零散的知识点整合成系统框架，这需要深厚的学科素养和广博的知识视野。要创设富有吸引力的教学情境，开发丰富多样的学习资源，这需要教师善于捕捉生活中的教育契机，驾驭信息技术手段。要设计层次分明、环环相扣的学习任务，还需要教师精准把握学情，因材施教。大单元教学中，教师在不断的积累、反思中建构起了一套"技之长"。课程整合能力的提升，标志着教师专业化的新高度。

其次，大单元教学磨砺了教师的教学反思与创新能力。大单元教学并非一蹴而就，它是在教学实践中不断修正、逐步完善的动态过程。教学后，教师要及时总结得失，反思学生在情境体验、资源利用、主题探究等环节的表现，发现问题，研究原因，探寻对策。行动反思使教师对教学建立起了整体性认识，知晓了前因后果，洞悉了教学的内在规律。经由反思，教师对大单元框架进行动态调整，课堂教学不断优化，学生的获得感、参与度持续提升。久而久之，反思、改进成了教师的自觉行动，教学智慧在创新中不断积

淀、升华。一大批研究型、创新型教师在大单元教学实践中脱颖而出，他们以开放的心态拥抱新事物，以科学的态度研究新问题，成为引领教学变革的中坚力量。

最后，大单元教学还营造了教师专业发展的文化氛围。大单元教学的开展需要教师之间密切配合，集体备课成了常态，教学研讨蔚然成风。在头脑风暴、思想碰撞中，个体智慧汇聚成集体的经验，教学技艺在分享中得以传承。同伴之间良性互动，碰撞出智慧和友谊的火花。互助、互学的同伴文化得以构建，教师在集体中获得了归属感和成就感。可以说，大单元教学既是教师个人专业能力的展示舞台，也是教师集体智慧的结晶。它为教师搭建起了展示与交流的平台，营造了你追我赶、比学赶超的进取氛围。在集体的培育下，教师个体的专业化水平必将更上层楼。

诚然，大单元教学也给教师带来新的挑战。打破学科壁垒，实现课程整合，对教师的知识广度、综合能力提出了更高要求；跳出教材藩篱，开发优质资源，考验教师驾驭信息技术、开拓学习空间的水平；围绕主题设计，创新教学模式，需要教师发散思维、拓展思路。这些都不是一蹴而就的，往往需要教师付出更多的时间和精力。如何在繁重的教学任务中探索大单元教学，需要广大教师迎难而上、苦干实干。

综上所述，大单元教学设计是"教、学、管"一体化的系统工程，对教师的综合素质提出了全方位要求。广大教师唯有加强学习，增强使命担当，才能驾驭大单元教学的方法策略，引领学生在开放、探究的氛围中健康成长。从这个意义上说，大单元教学既是对教师专业化发展的倒逼，更是教师不断超越自我、实现专业理想的必由之路。在大单元这个大舞台上，每位教师都将收获属于自己的精彩。

(四) 大单元教学的实践困境与突破

大单元教学在为历史教学改革带来生机的同时，在实践应用中也存在一些困境亟待突破。

一是观念更新不到位。部分教师受传统教学模式影响，安于现状，缺乏变革意识，对大单元教学存在畏难情绪。他们担心打破原有教学进度，无法在考试中向学生和家长交代。对大单元理念的认识不充分，观念转变跟不上，直接影响到大单元教学的推进和落实。

二是时空条件不充足。大单元教学往往跨越几个单元甚至学期，需要较长的教学周期，目前的教学进度难以为继。要开展主题探究、小组合作等环节，需要营造便于互动交流的教室环境，现有的课桌椅布置、班额规模等也存在局限。没有宽松的时空条件作保障，大单元教学难以全面铺开、纵深推进。

三是评价导向不明确。在应试教育的阴影下，以考试成绩论英雄的评价导向仍然存在，不利于形成大单元教学生态。国家学业水平考试等仍以选择题为主，大单元教学强调的过程性评价、开放性试题尚未成为评价主流，学生参与评价的自主权也不够充分。单一化的评价标准和形式，制约了大单元教学效果的全面彰显。

四是教研支持不到位。大单元教学对教师的专业能力提出了更高要求，亟需教研部门的大力支持和教研活动的有效指导。然而，目前针对大单元教学的教研还比较薄弱，缺乏可资借鉴的样板和案例。教研活动多局限在经验交流层面，理论研修、专题培训等还有待加强。没有专业引领，大单元教学就缺乏可持续发展动力。

面对上述困境，广大教师和教研部门要协同攻坚，多管齐下，努力探寻有效突破路径。一是加大宣传力度，通过专题讲座、经验分享会等多种形式，帮助教师全面理解大单元教学内涵，解疑释惑，凝聚共识，为大单元教学营造良好氛围。二是争取学校支持，在教学计划、课时安排上为大单元教学留出空间，同时加强教室、图书、信息技术等硬件设施建设，为大单元教学创造便利条件。三是完善评价机制，将大单元教学成效纳入教师绩效考核和学生学业评价指标，引导教师潜心钻研，调动学生参与热情。同时改革考试内容和形式，增加开放性试题比重，为学生提供展示能力、发挥特长的机会。四是强化教研支持，成立大单元教学教研共同体，有计划地组织教师开展集体备课、说课评课、教学反思等活动，推出一批精品案例。开设大单元教学专题培训，邀请专家解读理论前沿，带领教师学习前瞻性的教学设计理念。唯有全员行动、形成合力，大单元教学这艘航船才能破浪前行、扬帆远航。

未来已来，大单元教学正成为国内外共同的探索方向。我国香港地区的"通识教育"、国际上"概念型课程"的实践，都为大单元教学提供了有益启示。广大教师要立足中国国情，放眼全球，积极借鉴国际经验，结合历史学科特点，走出一条具有中国特色的大单元教学之路。在不懈探索中，教师将收获智慧，学生将获得发展，历史教育必将展现新的气象。让我们携手并进，做大单元教学的筑梦人、奋斗者，为培养德智体美劳全面发展的社会主义建设者和接班人作出应有贡献。

第五节　基于智能下的深度课堂及教学设计

科技的进步日新月异，人工智能、大数据、虚拟现实等新技术正广泛应用于教育教学的各个领域。面对智能时代的机遇与挑战，历史教师应主动作为，将先进技术与学科教学深度融合，不断推进信息技术与教育教学的变革与创新。历史学科作为一门人文性很强的学科，如何在智能环境中开展深度教学，发挥技术优势，提升教学实效，值得广大教师深入探讨。本节拟就智能时代历史深度课堂的应用场景、实施路径等问题进行研究，为广大教师科学应用智能技术提供参考。

一、智能时代历史教学的新生态

(一) 历史教学智能化的内涵

所谓教学智能化，是指教育教学过程中，教与学双方借助人工智能、虚拟现实、大数据等信息技术手段，获取海量教学资源，优化教学路径，创新教学模式，提升教学效率和质量的变革。在历史教学中，教学智能化主要表现在以下几个方面：

一是资源的智能化。海量的数字化历史资源通过智能检索、语义分析、知识关联等技术，形成结构化、系统化的资源体系。学生借助个性化推荐算法，获取精准、高效的学习资源。教师利用资源大数据分析技术，洞察学情，因材施教。优质数字资源为历史教学注入新的活力。

二是学习的智能化。人工智能技术模拟人类思维，为学生提供个性化学习支持。智能助手能够解答学生疑问，推荐学习资源。智适应系统根据学生认知水平，提供个性化学习路径。虚拟现实技术营造沉浸式体验，学生"穿越"到特定历史情境中，获得身临其境之感。学习过程因技术加持而更加高效、有趣。

三是教学的智能化。人工智能赋予了教师更多的"超能力"。借助智能教学系统，教师能够精准把握学情，实施个性化教学。利用智能测评工具，教师能够高效批阅作业，诊断学生问题，给出改进建议。在虚拟教研场景中，教师通过智能备课、说课、评课等，探讨教学得失，优化教学设计。教师的教学能力在技术辅助下不断提升。

四是管理的智能化。大数据技术透视教学全过程，为教学管理提供精准画像。测评大数据揭示学生的学业水平和进步情况，学情预警及时触发干预措施。教学行为大数据呈现课堂互动频次、师生角色等信息，优化教学组织与活动。管理者通过可视化呈现，科学决策，有的放矢。管理过程更加扁平化、人性化。

可以看出，教学智能化实现了人机协同、虚实融合，重构了教与学的流程，拓展了教学时空边界。广大教师应顺应智能化趋势，主动作为，以开放心态拥抱技术，在实践中探索人工智能助推历史教学的有效路径，不断增强驾驭技术、创新应用的能力，做智能时代卓越教学的引领者。

(二) 历史教学智能化的价值意义

历史教学智能化顺应了时代发展潮流，是教育现代化的应有之义，对于深化教育教学改革，全面提升教育质量，培养适应未来发展的创新人才，具有重大价值意义。

首先，历史教学智能化有利于推进教育公平，促进优质资源共享。当前，我国东西部、城乡之间教育资源分配不均衡的问题依然突出。通过网络平台，人工智能系统等先进技术手段，可以最大限度地共享优质教学资源，让偏远地区的学生也能享受到优质教育服务，在一定程度上缩小教育鸿沟。历史名师的精彩课堂、博物馆的珍贵藏品通过直播、VR 等形式走进寻常课堂，让每个学生都有机会聆听大师声音，欣赏文物国宝，拓宽了成长视野，点亮了人生梦想。

其次，历史教学智能化有利于创新教学模式，提高教学实效。传统的历史课堂教学存在内容单一、形式枯燥等问题，学生参与度不高，学习效率不佳。人工智能、虚拟现实等技术的引入，使历史教学变得鲜活生动。智能教学系统能够精准诊断学生学习问题，推送个性化学习资源和任务，实现因材施教、精准教学。VR/AR技术将抽象历史场景数字化再现，学生沉浸其中，在体验式学习中建构知识。技术创新带动教学变革，提升了学生学习兴趣，优化了知识内化过程，教学效果和质量必将显著提高。

最后，历史教学智能化有利于培养学生的创新能力和科技素养。党的二十大报告指出，教育、科技、人才是全面建设社会主义现代化国家的基础性、战略性支撑。历史教学应顺应时代要求，把智能技术与学科教学融会贯通，在课堂教学中渗透创客教育、STEM教育等理念，为学生提供动手实践、创新发明的机会。引导学生利用3D打印、无人机等智能设备，开展历史情景再现、文物数字修复等项目学习，锻炼动手能力，提升科技素养。在技术实践中，学生形成跨学科思维，增强创新意识，这既是历史学习的深度拓展，更是培养未来创新人才的必由之路。

此外，历史教学智能化还有利于推动教师角色转变，促进教师专业发展。在智能时代，教师不再是知识的权威，而是学生学习的组织者、引导者、合作者。教师要主动适应新的角色定位，学会利用智能技术开展教学。通过在线学习平台，教师能够便捷获取前沿的教学理念、教学方法，优化知识结构。利用智能教研系统，教师能够参与跨校、跨区域的网络教研，分享经验，碰撞智慧。在人机协作的过程中，教师逐步增强技术应用能力和信息化教学能力，驾驭复杂的教学系统，从容应对智能时代的教学挑战，教育教学智慧必将不断提升。

诚然，历史教学智能化也带来新的挑战和问题，如智能技术的局限性、师生信息素养的参差不齐等，需要在实践中不断探索，审慎应对。但不可否认，智能技术与历史教学的融合大势所趋，方兴未艾。面对智能时代的新生态、新要求，广大历史教师应当主动作为，增强使命担当，在教学实践中深度应用智能技术，不断推动教学变革，提高育人质量，为培养德智体美劳全面发展的社会主义建设者和接班人贡献智慧和力量。

二、历史深度课堂在智能环境中的应用场景

历史深度课堂借助智能技术，能够在课前、课中、课后等各教学环节发挥独特优势，为学生营造沉浸式、个性化、智慧化的学习体验，有效提升教学实效。结合多年教学实践，本节拟就历史深度课堂在智能环境中的应用场景作以分析。

（一）学情精准分析，助力因材施教

传统的学情分析主要依靠教师经验，存在主观性强、针对性不足等局限。随着大数据、人工智能技术的进步，海量的学习行为数据被记录、分析，学生的知识基础、能力水平、学习特点等被精准刻画，教师借助学情大数据，能够全面诊断学生学习状况，实施精准教学。

以学生的考试成绩数据为例。智能测评系统不仅呈现每个学生的得分情况，还能智能分析学生在不同题型、知识点上的得分率，揭示学生优势与不足。教师据此有针对性地组织复习，合理配置学习任务与资源。比如，张同学在主观题方面失分较多，教师就为他推送解题思路引导、论述类阅读材料，训练历史论证能力；李同学在近代史模块掌握不牢，教师就为他推荐针对性的微课视频、强化练习，查缺补漏。如此精准施教，学生的薄弱环节必将不断强化，整体学业表现持续优化。

师生课堂互动数据的挖掘，也有助于深入刻画学情。智能教学系统能够记录课堂上每个学生发言的频率、深度，分析师生互动的模式、效果，教师据此反思教学得失，改进教学策略。比如，通过数据发现王同学很少主动发言，教师及时与他谈心，了解原因，适时鼓励他参与讨论、表达观点。针对课堂普遍存在的"老师提问，学生简短回答"的互动模式，教师着意改进发问策略，设置开放性问题，鼓励学生畅所欲言，启发学生深入思考。数据反馈使教学优化有的放矢，课堂氛围持续改善。

此外，借助眼动、表情识别等技术手段，还能分析学生课堂专注度，了解不同学生的听课状态。面对课堂走神、注意力不集中的学生，教师及时采取穿插提问、变换教学方式等措施，调动其学习积极性。可见，学情大数据是深度课堂因材施教的利器，能够最大限度地诊断学生个性化需求，提供适

切教学服务，让每一个学生的发展潜能得以充分释放。

(二) 资源智能推送，满足学习需求

海量的数字化历史学习资源是开展深度学习的重要基础。传统的资源管理方式存在查找不便、共享不畅等问题。随着人工智能、语义分析等技术的发展，智能化资源管理系统应运而生，学生能便捷获取个性化、精准化的学习资源。

具体而言，学生在资源平台检索主题时，系统能根据资源内容、学生画像等大数据，精准推送相关材料。比如，学生检索"明清江南经济"时，系统不仅提供与主题直接相关的史料、图表，还链接出"明清江南社会""朱元璋的政治改革"等背景知识，以及"明清时期山东经济""欧洲早期资本主义萌芽"等扩展阅读，全面满足学生认知需求。推送结果以知识关联图谱形式呈现，学生能够轻松把握主题脉络，实现触类旁通、融会贯通。

资源智能推送还能根据学生个人特征进行针对性呈现。比如，对基础薄弱的学生，推送浅显易懂的通俗读物；对学有余力的学生，推送拔高拓展的外文文献；对偏爱视听的学生，推送纪录片、音频等形式新颖的资源。个性化的资源供给顺应学生需求，为其搭建了继续探究的阶梯，激发了深度学习的内驱力。

值得一提的是，智能资源管理系统还能对学生的学习行为进行追踪分析，及时记录学生的资源访问轨迹、使用频率、阅读深度等，形成学习行为大数据。教师据此评估资源建设的针对性和实效性，进一步优化资源体系。比如，发现某学生频繁访问"太平天国运动"主题资源，阅读深度较高，教师及时与他沟通，了解他对这一历史事件的兴趣点和认知困惑，有针对性地提供指导。生成性资源库在师生共建中不断丰富，在智能系统支持下高效流转，形成了师生协同学习、共同进步的良性循环。

(三) 沉浸式情境构建，激发学习兴趣

历史学习需要在具体情境中感悟历史人物的心路历程，领会历史事件的因果逻辑。传统的情境教学受时空局限，难以全面再现历史原貌。虚拟现实、全息投影等智能技术在历史教学中的应用，为学生提供了身临其境的沉浸式

学习体验，将抽象的历史知识具象化、动态化，极大提升了学生学习兴趣。

以学习"故宫"主题为例。学生戴上 VR 眼镜，在虚拟情境中"穿越"至明朝，化身宫廷画师，跟随设计师沿着中轴线参观规划建筑布局，了解不同宫殿的功能分区，体悟古人的建筑智慧。沿途可与建筑工匠对话，了解工程施工细节，感受工匠精神；还能与朝臣交谈，听取他们对宫殿布局的建议，透视政治制度对建筑的影响。沉浸式体验打破了时空界限，学生在情境中沟通交流、探求真知，产生了强烈的代入感与获得感。

在学习"明清海禁"主题时，教师利用全息投影技术，在教室中投射出一艘福船的三维影像。学生兴致勃勃地"登船"探索，了解船只结构、航海技术，思考海上贸易、文化交流对中外社会的影响。生动形象的场景激发了学生的好奇心，调动了其探究的积极性。师生围绕"海禁"展开讨论，深入剖析这一政策的利弊得失，在头脑风暴中加深了对历史规律的认识。

此外，情境构建还能与游戏化学习有机结合。比如，学习"第二次鸦片战争"主题时，学生扮演军机大臣，运筹帷幄，通过下达命令、调配资源等方式指挥作战，领悟战争形势的错综复杂。游戏关卡设置体现历史事实逻辑，学生在对抗博弈中掌握了历史知识。游戏化学习将严肃的历史课堂转化为生动的体验场，学生在玩中学，在乐中思，对历史的理解必将更加深刻。

综上，沉浸式情境构建是历史深度课堂的"助推器"，能最大限度地还原历史事件的原貌，为学生提供全景式、多维度的学习体验。身临其境的代入感激发学生的探究热情，动态生成的场景呈现历史的复杂性，游戏化的学习满足学生的成就感。这些都是传统教学难以企及的。教师应积极利用智能技术优势，不断创新教学情境设计，为学生插上想象力的翅膀，引导其在沉浸式体验中感悟历史的魅力，收获学习的快乐。唯有学生动起来、学起来，深度课堂才有了生命力。

（四）过程性评价优化，彰显发展性

评价对学生发展具有重要导向作用。传统的历史学业评价偏重结果，忽视过程，不利于学生能力的生成。随着教育大数据、智能分析技术的进步，借助多元的过程性评价，能够动态呈现学生能力生成轨迹，为学生提供个性化的学业发展建议。

以"项目式学习"评价为例。学生开展"家乡历史文化"研究性学习项目，利用在线协作平台分工合作，通过实地走访、专家访谈、资料搜集等途径，梳理家乡的发展脉络，挖掘特色文化内涵。协作平台动态记录项目进展，智能分析学生在选题、分工、实施等环节的表现，揭示其在资源整合、问题解决等方面的进步，个性化地指导学生优化工作流程，提升项目管理能力。过程性评价激励学生在实践中学习，在体验中成长。

过程性评价还关注学生在学科实践中的能力生成。比如，学生参与"海丝申遗"社会实践活动，利用无人机采集数据，3D建模修复数字文物，编程开发文物AR识别系统。智能测评工具即时跟踪学生的操作表现，诊断其在文物研究、数字修复等方面的技能水平，发现潜在问题，推送技术指导，帮助学生迭代优化作品。测评大数据还能分析学生在团队协作、跨界创新等方面的成长，肯定进步，指明提升路径。评价过程成为学生自我认识、自我完善的契机。

值得一提的是，基于大数据的综合性评价为学生未来发展路径规划提供了科学参考。系统全面采集学生的学业成绩、学科能力、兴趣特长等数据，利用智能算法进行交叉分析，形成关于学生未来发展的预测性建议，比如是否适合报考历史专业，在学科竞赛、科研实践等方面是否具有潜力。个性化、精准化的指导，为学生树立远大理想、制定切实可行的行动计划提供了"参谋"。评价不再是学习的终点，而成为引领学生不断超越的起点。

综上，过程性评价在智能时代焕发新的生机。大数据采集使评价更加全面客观，智能分析使反馈更加精准高效，多元整合使呈现更加立体动态。评价不再是简单的考查和甄别，而是融入育人全过程，成为学生能力生成的助推器、成长路径的指引者。教师应树立发展性评价理念，借助智能平台优化评价方式，在"评"中发现学生的闪光点，挖掘学生的发展潜能，为学生画出最美好的未来。

三、历史深度课堂在智能环境中的建构策略

如何在智能环境中建构历史深度课堂，充分发挥智能技术的赋能作用，不断提升教学品质，是摆在广大教师面前的一大课题。结合智能时代历史教学的新趋势新特点，笔者提出几点建构策略，以飨同仁。

（一）更新教学理念，提升技术素养

智能技术为深度教学拓展了新的空间，但技术应用绝非简单的"拿来主义"，必须建立在先进教学理念指导下。首先，教师要树立"智能＋"教学理念，即主动将智能技术嵌入教学全过程，在备课、授课、评价等环节充分应用智能手段，不断优化教学流程，革新教学模式，真正实现教学过程再造。而不是把技术当作点缀，不改变传统教学"填鸭式"本质。

教师要树立以学生发展为本的理念。智能技术的使用要以促进学生全面发展为目标，切实提升学生的学科核心素养。比如，在 VR 情境中引导学生换位思考、多角度分析历史事件，提升历史解释力、家国情怀；在智能测评系统支持下，学生获得个性化学习资源和精准反馈，自主学习能力、创新思维能力得到培育。技术与教学的深度融合，最终指向立德树人。

教师要树立开放创新的理念。智能时代知识更新速度加快，教师唯有与时俱进地学习，以开放心态拥抱新技术、新方法，方能驾驭瞬息万变的教学环境。要勇于突破传统教学定式，探索人机协同的新型教学样态，在实践中不断创新优化。对新技术的应用效果要持续跟踪反思，调整完善，这正是教师专业成长的契机。唯创新求发展，方能不负智能时代赋予教师的光荣使命。

教学理念是行动的先导。树立科学的理念需要教师加强学习，丰富专业知识，优化知识结构。要主动了解智能教育前沿动态，学习数据分析、算法建模等技术原理，熟悉人工智能、虚拟现实等智能设备的功能与操作。更要深入钻研学科教学论，在学科特性指导下探索技术应用的最佳路径。广博的知识视野、丰富的技能储备，是开展智能教学的基础。教师还要勇于实践，在实践中增强技术应用经验，提炼智慧，这是技术素养提升的必由之路。总之，以开放的心态学习，以创新的勇气实践，教师必将在智能时代焕发出耀眼的光芒。

（二）优化教学设计，激发学习动力

教学设计是智能环境中深度课堂建构的关键。科学的设计能最大限度地发挥智能技术优势，营造个性化、高效化、智慧化的学习体验，为学生深

度学习插上腾飞的翅膀。

首先，教学目标设计要聚焦学科核心素养，将历史唯物主义、时空观念、史料实证等关键能力渗透其中。同时融入信息素养、创新意识、实践能力等时代新要求，引导学生"变现状、求差异、爱尝试、勇创新"。目标设计要为技术应用提供方向，如培养解释能力可借助虚拟场景设计开展情境教学，培养实证意识可利用大数据开展史料研习。唯有目标明确，技术应用才能避免盲目性。

其次，教学内容设计要充分吸收前沿科研成果，将新史料、新问题、新视角融入其中。借助知识图谱、语义分析等技术，将零散史实整合成系统框架，突出主线，把握逻辑。运用多种数字化形式呈现内容，增强直观性与互动性。如利用动画、漫画等形式呈现历史事件因果，利用3D模型展示文物细节特征，利用H5页面嵌入背景链接、弹出评论等交互元素。生动活泼的内容更能激发学习兴趣。

再次，教学活动设计要突出学生主体地位，为其搭建自主探究、合作学习的平台。创设悬念式、游戏化的问题情境，在VR场景中开展主题探究，利用协作平台开展小组研讨、头脑风暴等。设计由浅入深、环环相扣的任务单，引导学生循序渐进地内化知识、提升能力。注重拓展校外学习空间，与博物馆联合开发实践课程，组织线上线下研学活动。丰富多样的学习体验，最大限度地调动学习积极性。

最后，教学评价设计要重视形成性评价，利用学习行为采集、学业测评等大数据，即时呈现学习过程性信息，针对性地指导学生改进策略。利用自动批阅系统辅助教师评改作业，提高反馈效率。发挥学生在评价中的主体作用，开发自评互评工具包，促进其自我监测和调节。综合运用评价大数据，对学生未来发展作出预判，提供个性化、精准化建议。评价不再是单向考核，而是师生共同参与的育人过程。

总之，教学设计要体现智能引领、人本关怀，将技术工具与教学内容、教学方法创造性地结合，最大限度地激发学生内在学习动力，让学生在探究体验中感悟历史的魅力，涵养人文的品格，收获成长的快乐。这也是检验教学设计科学性、有效性的重要标准。广大教师应立足学情，胸怀智慧，精心打造体现时代特色、彰显学科内涵的深度课堂，做学生成长路上的引路人。

（三）创新教学模式，促进个性发展

智能时代为创新教学模式带来无限可能，教师应主动作为，深度应用智能技术，因材施教，为学生提供个性化的学习服务，满足学生差异化的发展需求。

首先是学习资源的个性化推送。基于学生画像大数据，对学生的认知风格、学习基础等进行多维分析，开发个性化的资源推荐系统。比如，对于偏好视觉型学习的学生，重点推送图片、视频等直观性资源；对于基础薄弱的学生，提供学科工具书、思维导图等夯实基础的资源；对于学科兴趣浓厚的学生，提供外文文献、专题讲座等拓展类资源。满足学生的个性化需求，资源的适切性、实效性必将大幅提升。

其次是学习过程的个性化指导。利用学习分析技术，实时采集学生的学习行为数据，挖掘学习问题，诊断认知困难。针对不同学生的薄弱环节，系统智能生成个性化学习计划，推送微课、练习等锦囊，并根据其进度实时调整优化。学生在"智适应"系统支持下，循序渐进地内化知识，突破难关。学习过程因个性化指导而更加高效。

再次是学习结果的个性化呈现。充分挖掘不同学生的学科特长与兴趣，为其提供多样化的成果呈现方式。擅长写作的学生可撰写历史散文，善于表达的学生可录制视频演讲，热爱绘画的学生可创作历史漫画。学生将学习成果提交云平台，利用智能工具开展即时互评，教师综合大数据形成性评价指导修正。个性化的成果展示，让每个学生的独特才能得以彰显，获得充分发展。

最后是学习反思的个性化引导。通过学习日志、头脑风暴等工具，引导学生梳理学习收获，反思学习困惑，形成个性化的认知。借助协作平台组织异质研讨，交流不同观点，开阔思维。基于反思数据的智能分析，学生查找差距，制定改进计划，不断优化学习策略。反思让学习从被动接受到主动建构，成为学生自我成长的内在需要。

综上，基于智能技术的个性化教学，让千人千面的教育梦想成为可能。学生在个性化学习中，激发出强烈的学习兴趣，凸显出独特的学科才能，走出了属于自己的发展之路。教师从"教书匠"蜕变为"设计师"，不再用统一

的尺度要求学生，而是精准把握每个学生的特点，因材施教，成就每一个生命的精彩。个性化教学是"以生为本"的生动实践，是实现教育公平的题中应有之义。广大教师应立足时代，拥抱变革，在探索创新中挖掘智慧，用执着坚守的教育理想，呵护每一个孩子的未来。

(四) 重构学习空间，丰富成长路径

智能时代对教与学提出全新要求，单一、封闭的课堂已不能适应泛在学习、终身学习的时代特征。广大教师应主动重构学习空间，为学生插上腾飞的翅膀。

一是构建"智慧教室"，打造沉浸式学习的乐园。布置电子白板、环幕投影等设备，实现屏幕互动，方便师生分享交流。嵌入 VR 设备，学生"走入"历史情境，获得身临其境之感。室内设计突出开放、协作理念，一改"行列式"布局，打造灵活、流动的讨论区，便于开展头脑风暴、小组研讨等活动。智能终端、传感器随处可见，学习行为、教室数据被时时采集，经智能分析转化为优化教学的锦囊。"未来已来"的课堂，必将点燃学生的探究热情。

二是搭建在线学习平台，延伸网络学习的触角。充分利用慕课、微课等在线课程资源，学生自主安排学习节奏，反复回听重点。开发在线测评系统，学生获得即时反馈，查漏补缺。组建网上学习共同体，学生跨时空协作研讨，互补优势。提供虚拟仿真实验系统，学生在线开展情境模拟，动手实践。借助学习分析大数据，教师洞察学情，精准施教。网络学习打破时空界限，让学习随时随地发生。

三是开辟校外实践场所，拓展研学旅行的视野。联合博物馆开发实践课程，引导学生研读藏品，体悟传统智慧。开展红色研学，引导学生寻访革命遗址，感悟信仰的力量。组织社会调查，引导学生走访抗战老兵，采集口述史料，传承红色基因。深入田野开展非遗考察，引导学生参与手工制作，感受传统技艺魅力。研学实践将课堂延伸至大千世界，学生在三教九流中汲取养分，绽放出绚丽的色彩。

四是营造虚实融合情境，创设沉浸游戏的新场。布置 VR 眼镜、体感设备等，学生化身历史人物，"穿越"时空，思考抉择。构建"翻转情境"，颠

覆历史事实，学生在假设推演中理解历史的复杂性。设计竞技类游戏，学生分组扮演交战双方，开展军事模拟对抗，领悟形势的瞬息万变。虚实融合的情境游戏，让历史"活"起来，学生在玩中学，在乐中思，收获独特的心智体验。

学习空间是学生生命成长的摇篮。重构学习空间，教无定法，贵在创新。活动、开放、互联、智能，是未来学习空间的关键词。如何最大限度地整合线上线下资源，让学习无处不在、无时不有，激活学生的内生动力，让每个生命在探究、创造、分享中茁壮成长，是对广大教师智慧的终极拷问。让我们携手共建未来学习空间，用执着的教育情怀，为孩子们插上腾飞的翅膀。

四、历史深度课堂智慧教学的实施建议

历史深度课堂在智能环境中的建构，绝非一蹴而就，需要社会各界形成合力，为其营造良好的生态。在此，笔者结合多年研究与实践，面向不同群体提出如下建议，以飨同仁。

（一）面向教师：学无止境，教无定法

首先，广大教师要加强学习，提升自身的信息素养和技术应用能力。主动学习人工智能、虚拟现实等技术原理，了解其教育应用价值。积极参加信息技术培训，熟悉智能平台、智能工具的功能与操作。加强学科教学论研修，探究技术与教学深度融合之道。唯有学习在先，应用在后，教师才能游刃有余地驾驭智能技术这匹"千里马"。

其次，要勇于实践，在实践中增强应用经验，提炼智慧。开展智慧教学不能蜻蜓点水、浅尝辄止，而要脚踏实地、久久为功。要发扬"工匠精神"，精雕细琢每一个教学环节，追求极致。在实施中要勇于创新，敢于突破传统教学定式，探索人机协同的新型教学样态。对新技术的应用效果，要持续跟踪、评估反思，及时调整优化。经验与智慧在实践的淬炼中生成。

最后，要善于总结，形成可推广、可借鉴的教学范式。深度教学的经验弥足珍贵，值得认真提炼、系统总结。要梳理实践过程，凝练关键环节，塑造亮点特色，以案例、论文等形式分享交流。开诚布公地评析得失，虚心接

纳他人意见，教学范式在博采众长中不断升华。个人智慧汇聚成集体经验，推动区域、整个学科的教学变革。

总之，在智能时代做卓越教学的引领者，需要教师胸怀理想、志存高远，在学习求索中掌握真经，在实践创新中厚积薄发，在交流分享中臻于至善。让我们以开放心态拥抱新技术，以创新勇气探索新路，在历史教育的星空刻下闪亮印记。

(二) 面向学校：因地制宜，特色发展

学校是深度课堂的重要实施阵地，需要因地制宜地制定推进策略，凝练办学特色。

首先，学校应高度重视，将智慧教育作为教育信息化的战略抓手。制定切实可行的发展规划，纳入学校整体发展蓝图系统谋划。成立专门机构，加强组织领导，为深度课堂建设提供全方位保障。

其次，要加大资金投入，完善信息基础设施建设。购置电子白板、VR等先进教学设备，为智慧教学创造有利条件。改造传统教室，打造开放、协作的未来教室。搭建智能教学平台，丰富优质数字资源供给。同时，要注重师资队伍建设，实施信息技术培训，提升教师的教学设计、资源开发、平台应用等能力。组织教学竞赛、教学沙龙等，为教师搭建展示交流平台。

再次，要鼓励教学创新，推动课堂革命。成立教学创新项目，为教师提供经费支持。组织智慧课堂教学竞赛，发掘创新典型。开展信息化教学攻关课题研究，加强理论指导。完善绩效考核机制，将教学创新纳入考核指标，激发教师内生动力。

最后，学校还应注重整合社会资源，深化校企、校地合作，拓展学习新空间。与博物馆联合开展研学实践，与科研院所合作开发课程，让学生"读万卷书"也"行万里路"。学校还要善于总结，提炼智慧教学模式，塑造特色品牌，以点带面，推动整体发展。

总之，历史深度课堂的推进，需要学校转变发展理念，优化顶层设计，加大制度供给，为教师教学创新、学生个性发展创造良好环境。唯有学校、教师、社会协同发力，形成育人合力，深度课堂才能落地生根、遍地开花。

（三）面向教研：深化研训，引领发展

教研部门在深度课堂建设中肩负着重要使命，需要加强教研指导，深化研训活动，发挥引领作用。

首先，教研员要加强政策解读，帮助一线教师全面把握国家教育信息化战略、核心素养教育改革等文件精神。广泛宣讲典型案例，引导教师用发展的眼光认识智能技术，增强信心决心。

其次，要加大教研力度，开展多层次、多样化的教研活动。常态化开展校本教研，组织集体备课、磨课等，指导教师优化教学设计。整合区域资源，组建名师工作坊、学科教师共同体，开展同课异构、思维碰撞。利用网络平台，开展跨区域网络教研，共享优质资源。

再次，要深化培训，提升教师的智慧教学素养。开设信息技术专题培训，提升教师技术应用能力。邀请专家开展学科前沿讲座，拓宽教师视野。安排骨干教师外出学习取经，引进先进经验。开展教学技能大赛、说课比武，搭建展示交流平台。培训教研相结合，理论实践相促进，教师的智慧教学素养必将实现大幅跃升。

最后，教研部门还应加强课题研究，为深度课堂建设提供理论指导。设立智慧教学专项课题，引导教师深入一线开展实证研究。加强成果转化，提炼可推广的教学模式。开展理论研讨，探讨技术与教育深度融合之道。教学研究出真知，教研相长谱新篇。

总之，教研工作要聚焦课堂、服务一线，当好"领路人""指挥棒""加油站"。在参与式教研、学术式教研、智慧式教研中唱响时代主旋律，以教研先行助推深度课堂建设，引领历史教育阔步迈向智能时代。

（四）面向社会：凝聚共识，协同育人

历史深度课堂建设离不开社会各界的大力支持，需要形成全社会共同参与、协同育人的良好氛围。

首先，社会要加强宣传引导，提高公众对智慧教育的认知。通过媒体报道、公益广告、专题讲座等形式，宣讲智慧教育的先进理念、实践成果，消除观念误区，凝聚社会共识。

其次，要加强协调联动，整合多方资源助推深度课堂建设。成立智慧教育联盟，搭建政、产、学、研协同创新平台。政府加大经费支持，购置先进设备；企业参与资源建设，提供技术支撑；高校、科研机构加强理论研究，开发优质课程；中小学开放实践基地，检验创新成果。多元协同，"1+1>2"，深度课堂建设必将实现跨越式发展。

再次，要营造开放包容、鼓励创新的社会环境。树立科技是第一生产力、创新是引领发展第一动力的观念，让创新成为全社会的价值追求。宽容失败、鼓励试错，让教师安心从教、潜心创新。尊重差异、包容多样，为学生个性发展提供多元选择。良好的社会生态，必将滋养教育创新的沃土。

最后，社会还应加强对智慧教育发展的监督与反思。正确认识技术的优势和局限，在推进应用中保持清醒和理性。关注信息化条件下师生身心健康，防范技术异化教育的风险隐患。加强法治建设，健全数据安全、知识产权保护等制度，为智慧教育营造良好的法治环境。伴随着社会的监督，智慧教育才能在正确航道上破浪前行。

总之，推动历史深度课堂建设，需要社会各界携手同行、共襄盛举。政府主导、学校主体、社会参与，形成教育信息化的强大合力。学校与社会良性互动，教育为社会培养创新人才，社会为教育提供优质资源，构建学习型社会，共创美好未来。让我们携手前行，为智慧教育的美好明天不懈奋斗。

历史深度课堂是智能时代历史教育变革的先锋，肩负着培养社会主义建设者和接班人的时代重任。纵观全书，笔者围绕深度课堂的核心理念、实施路径、实践策略等展开了深入探讨，力图为广大教育工作者描绘历史深度课堂的美好蓝图，提供可资借鉴的行动指南。欣喜的是，随着教育信息化的不断推进，越来越多的学校和教师加入深度课堂建设的行列，涌现出一批有示范引领作用的典型案例，深度课堂的种子正在全国教育沃土中生根发芽。

需要指出的是，深度课堂建设任重道远，绝非一朝一夕之功。它需要观念更新、制度创新，需要理论探索、实践积累，需要各方联动、社会支持。我们要清醒认识到，在推进过程中仍存在诸多困难和挑战，如教师信息素养参差不齐、优质数字资源供给不足、信息化教学评价滞后等，需要我们在实践中不断探索，携手攻坚。相信在广大教育工作者的共同努力下，这些困难和挑战必将迎刃而解。

展望未来，人工智能、虚拟现实等技术必将进一步赋能历史教育，智能时代必将开启崭新的教育图景。在这场变革中，教师绝非旁观者，而应成为推动者、引领者。让我们以开放心态拥抱变革，以创新勇气实践探索，让智慧和汗水浇灌教育的花朵，在历史的天空放飞梦想。我坚信，在全社会共同参与、携手建设下，历史深度课堂建设必将驶入快车道，我国历史教育必将迎来全面振兴的春天，为实现教育现代化、建设教育强国作出应有贡献。

　　让我们从现在做起、从自己做起，在信念的引领下，在使命的召唤中，在爱的奉献里，争做历史深度课堂建设的筑梦人、奋斗者、引领者，共同谱写历史教育的崭新篇章。我相信，只要我们肩负责任、脚踏实地、开拓进取，定能创造无愧于时代、无愧于人民的崭新业绩。让我们携手同行，在历史的星空中放飞梦想，用我们的智慧和汗水，共同描绘历史教育的美好未来。

第四章　大概念教学下的深度课堂实践

历史教学作为培养学生人文素养、提升综合素质的重要学科，在当前新课改背景下如何实现从知识传授向能力培养的转变，进而培养具备历史思维和人文情怀的时代新人，成为摆在广大一线教师面前的重要课题。

作为一名高中历史教师，笔者结合多年的教学实践体会，认为大概念教学模式为实现深度课堂教学变革提供了良好的思路。所谓大概念教学，即以学科核心概念为主线，引导学生深入理解概念内涵，掌握概念间的内在联系，进而构建起完整的学科知识体系。在此基础上，教师还需要精心设计教学情境，组织开展探究式、讨论式、体验式等多样化的教学活动，激发学生主动思考、积极参与的学习热情，培养学生分析问题、解决问题的关键能力。

第一节　基于大概念的历史教学设计

历史学科蕴含着丰富的人文内涵和思想价值，对于培养学生的人文素养、思辨能力、家国情怀等具有重要意义。然而，传统的历史教学往往过于强调知识灌输，忽视了学生主动建构、迁移运用知识的过程，使得课堂教学流于形式化、碎片化。大概念教学作为一种新的教学理念和方法，为深化历史教学改革、实现学生深度学习提供了新的路径。本节将重点阐述大概念教学的内涵特征，介绍历史学科大概念的提炼方法，探讨大概念引领下的教学活动设计策略。

一、大概念教学的内涵与特征

（一）大概念的内涵

大概念（Big Ideas）最早由美国学者林恩·埃里克森（Lynn Erickson）提出。她认为，大概念是在学科领域内部或跨学科领域对事物本质的深层次理解，是对知识的高度概括和提炼。大概念一般具有广泛性、持久性、迁移性等特点。广泛性是指大概念能够涵盖学科内的许多事实、现象和案例；持久性是指大概念能够经受时间考验，其内涵相对稳定；迁移性是指大概念可用于解释和理解其他情境中的问题。在历史学科中，诸如"演变""政权""战争""文明"等都是典型的大概念。

（二）大概念教学的特征

基于大概念开展教学，有别于传统的以知识点为中心的教学模式，其主要特征包括：

其一，概念为本。大概念教学以学科核心概念为主线组织教学内容，引导学生理解概念的内涵、外延，掌握概念之间的内在联系，构建系统完整的知识框架。历史大概念一般表现为抽象的范畴或命题，如"封建制度的产生与发展""资产阶级革命""工业化进程"等，需要学生在学习史实的基础上，不断深化认识，形成高度概括。

其二，问题驱动。大概念教学强调学生的主体地位和参与体验，教师设计教学时，要基于大概念提出具有挑战性的核心问题，引导学生开展探究式学习，通过小组讨论、观点交锋等方式获得多角度理解。例如，在学习"资产阶级革命"概念时，教师可提出"为什么英国等国家率先爆发资产阶级革命"的问题，组织学生查找资料、分析原因，进而概括革命爆发的一般规律。

其三，情境支持。大概念教学注重情境创设，教师要结合教学内容，选择恰当的历史故事、时政热点、现实案例等素材，为学生提供亲身体验、移情理解的机会。例如，在学习"民主政治"概念时，教师可让学生扮演议员的角色，就某一议题开展辩论，亲身感受民主决策的过程。情境教学有助于调动学生的认知和情感，增强学习兴趣。

其四，深度理解。大概念教学的目标在于帮助学生真正理解知识的本质内涵，对事物形成整体的、富有洞见的认识。为实现这一目标，教师要引导学生对概念的内涵、外延、联系等进行多层面探究，开展比较、归纳、评价、创造等高阶思维活动。例如，在总结"战争"概念时，教师不仅要引导学生归纳战争爆发的原因、经过、影响等知识点，还要引导学生比较不同时期战争形态的异同，分析战争与政治、经济、文化等因素的关联，评判战争的正当性，展望消除战争、实现和平的路径。唯有如此，学生才能真正建构起关于战争的整体认识。

二、历史学科大概念的提炼方法

(一) 基于学科本质凝练核心概念

历史学科作为一门人文学科，其学科本质在于研究人类社会的发展演变规律。因此，在提炼历史学科大概念时，首先要立足学科本质，凝练反映历史发展基本规律的核心概念。

例如，"演变"是历史学科最为核心的概念之一。一切历史现象都处在生成、发展、消亡的过程之中。揭示事物演变的动因、规律是历史学研究的重要内容。在高中历史教学中，"演变"大概念可以引领学生认识农耕文明的形成与发展、资本主义的产生与扩张、社会主义的兴起与变革等一系列重大历史进程，理解推动历史前进的基本力量，把握历史发展的总体趋势。

"政权"是另一个重要的历史核心概念。在人类历史的长河中，政权形态经历了原始社会、奴隶社会、封建社会、资本主义社会等阶段，呈现出从低级到高级、从简单到复杂的演变趋势。学习政权概念，有助于学生理解不同时期政治制度、统治方式的特点，认识阶级斗争在社会进步中的作用，树立正确的政权观和历史观。

(二) 梳理学科体系，提炼一般概念

历史学科知识庞杂，涉及政治、经济、文化、军事等多个领域。梳理学科知识体系，可以发现一些相对稳定的一般概念，如封建土地制度、自然经

济、中央集权制、文艺复兴、启蒙运动、殖民扩张、民族独立等。这些一般概念在学科中具有广泛的适用性，是理解和把握历史发展脉络的重要线索。

以"封建土地制度"为例。通过梳理中国、日本、西欧等国封建土地制度的演变过程，可以发现，土地国有、土地庄园化、农民依附等是封建土地制度的共同特征。提炼这一概念，可以帮助学生透过不同国家具体的土地政策，把握封建社会赖以存在的经济基础，理解地主阶级与农民阶级矛盾发展的历史必然性。

(三) 聚焦学习主题，凝练特殊概念

高中历史教学大纲中设置了若干学习主题，如古代中国的政治制度、近代中国的救亡图存、20 世纪的战争与和平等。聚焦学习主题，可以凝练出一些特殊概念，这些概念对于理解特定历史时期的主要矛盾和时代特征具有重要价值。

以"近代中国的救亡图存"主题为例。围绕这一主题，可以提炼出诸如列强侵略、半殖民地半封建社会、资产阶级革命、太平天国运动、洋务运动、戊戌变法等特殊概念。这些概念反映了近代中国社会发展的特殊性，揭示了中华民族救亡图存斗争的艰难历程。教学中重点讲解这些概念，可以引导学生深刻认识西方列强入侵给中华民族带来的深重苦难，理解各阶级探索救国道路的历史作用，从而激发学生的爱国主义情怀。

三、大概念教学活动设计策略

(一) 基于问题串联的探究式教学

历史事实的认知，历史本质的把握，历史规律的探寻，都离不开问题意识的引领。因此，大概念教学活动设计首先要基于核心概念设置一系列问题，由浅入深，环环相扣，引导学生开展探究式学习。

以"资产阶级革命"概念为例。教师可以依次提出以下问题：什么是资产阶级革命？为什么英国、法国等国率先爆发资产阶级革命？资产阶级革命为什么要推翻封建统治？资产阶级革命对人类社会发展有什么影响？这些问题由具体到抽象，由表象到本质，引导学生逐步认识资产阶级革命的

时代背景、基本特征、内在动因、历史作用等，进而把握这一概念的丰富内涵。

在问题探究过程中，教师要为学生提供丰富的学习资源，如历史文献、图片、视频等，引导学生提取信息、整合资料，形成自己的见解。同时，鼓励学生通过小组讨论、头脑风暴等形式交流观点，碰撞思想火花。探究式教学有助于调动学生的主动性，培养学生分析问题、解决问题的能力。

（二）基于情境创设的体验式教学

历史是一门充满人情味的学科，蕴藏着丰富的情感体验。大概念教学要注重创设贴近学生生活、引发情感共鸣的教学情境，引导学生在沉浸式体验中加深对历史的理解。

以"民主政治"概念为例。教师可以设计一个"我当代表"的模拟情境，让学生扮演人大代表，围绕教育、医疗、环保等社会热点问题开展讨论和辩论，提出自己的意见和建议。情境中，学生亲身参与民主决策的过程，感受不同利益诉求的碰撞，理解集思广益、求同存异的民主精神。这种沉浸式的情境体验，可以帮助学生将抽象的民主概念与现实生活联系起来，加深认知，内化价值。

除了情境模拟，其他体验式教学活动还包括参观访问、角色扮演、主题研学等。例如，在学习"工业化"概念时，可以组织学生参观工业博物馆，了解工业技术发展历程；在学习"文艺复兴"概念时，可以让学生扮演达·芬奇、米开朗琪罗等文艺巨匠，展示他们的代表作；在学习"丝绸之路"概念时，可以开展"重走丝路"主题研学，感悟中西文化交流的恢宏气象。情境教学把历史课堂延伸到课堂之外，为学生提供身临其境、亲身感悟的机会，有助于唤起学生的情感体验，提升学习效果。

（三）基于案例分析的讨论式教学

历史学科知识具有鲜明的综合性，一个历史事件往往涉及政治、经济、文化等多重因素。因此，大概念教学还要注重引导学生开展案例分析，通过讨论交流，多角度认识历史现象及其内在联系。

以"战争"概念为例。教师可以选取第一次世界大战作为案例，提供

《凡尔赛和约》《九国公约》等历史文本，引导学生分析战争爆发的政治、经济、文化根源，讨论战后国际秩序的建立及其影响。在分析讨论中，学生学习提取信息、梳理逻辑、表达观点的方法，加深对帝国主义战争给人类社会带来深重灾难的认识，树立维护世界和平、构建人类命运共同体的意识。

案例教学需要精心选择反映大概念内涵的经典案例，如法国大革命、英国宪章运动、第二次工业革命等，这些案例蕴含丰富的历史细节，对于学生把握事物发展一般规律大有裨益。教师要为学生提供从不同视角分析问题的机会，开展小组讨论、主题辩论等活动，在平等交流、善意争鸣中实现观点的碰撞与融合，共同提升对历史本质的认识。

（四）基于比较迁移的拓展式教学

大概念具有广泛的适用性和迁移性，一个概念所揭示的基本原理，往往可用于分析其他时空情境中的问题。因此，大概念教学还要注重引导学生开展比较分析，实现知识的内化迁移。

以"文明"概念为例。教师可以引导学生比较古代埃及、古代中国、古代印度等文明的异同，归纳农业文明的共同特征；比较工业文明与农业文明在生产力水平、社会结构等方面的差异，概括人类文明演进的基本趋势；思考在现代全球化背景下，不同文明如何实现交流互鉴，共建人类命运共同体。通过纵横比较，学生能够突破特定时空的限制，站在人类文明发展的高度审视历史，从宏观上把握社会发展的基本规律。

比较教学要求学生跳出具体的历史语境，运用前面学习的理论观点分析新的历史现象，这对学生分析问题、解决问题的能力提出了更高要求。教师要鼓励学生大胆假设，从不同角度发现问题，提出见解，在探索质疑中实现知识迁移。同时，引导学生关注现实问题，运用历史眼光分析当下热点，增强历史学习的现实关怀。

综上所述，大概念教学设计要注重历史学科核心素养的培育，精心设计问题探究、情境体验、案例分析、比较迁移等教学活动，引导学生在主动探究、交流互动中深化对历史本质的理解，实现从学习历史到思考历史、借鉴历史的跨越。

第二节　指向科学观念的大概念教学实践

历史学科不仅要让学生掌握历史知识，更要培养具备科学历史观的新时代公民。所谓科学历史观，是以马克思主义唯物史观为指导，坚持以人民为中心，用发展的眼光看问题的历史观。帮助学生树立科学历史观，是高中历史教学的重要任务。本节拟从历史观念的认知规律出发，结合大概念教学实践，探讨在历史课堂中培养学生科学观念的路径和方法。

一、历史观念的认知生成机制

（一）历史观念的内涵

历史观念是人们在认识和改造社会历史过程中形成的关于历史本质及其发展规律的总的看法和根本观点。历史观念具有价值引领、方法指导、行为规范等重要功能，是学生综合运用历史知识，分析和解决问题的认知基础。

具体而言，历史观念主要包含三个层次：一是宏观层面的历史发展观，即对人类社会历史发展的一般规律、基本趋势的整体认识；二是中观层面的社会观，即对不同社会形态的性质特征、结构运行机制的把握；三是微观层面的人生观，即对个人如何立身处世、实现人生价值的思考。科学的历史观念要求树立正确的历史发展观，以唯物史观分析社会现象，将个人理想与国家、民族、人类的前途命运紧密结合在一起。

（二）历史观念生成的心理机制

历史观念的形成是一个从感性认识上升到理性认识，从模糊认识上升到科学认识的辩证过程。这一过程受个体已有知识结构、思维方式等因素影响，大致经历三个阶段：

其一，历史知识的积累。历史观念的形成以大量历史知识的学习和记忆为基础。学生通过阅读历史材料，了解历史事实，在头脑中形成对历史的初步印象。这一阶段属于感性认识阶段，学生对历史的认识还比较表面化、片面化。

其二，历史思维的发展。思维是观念形成的核心环节。历史思维包括历史分析力、历史比较力、历史想象力、历史评价力等。通过参与讨论、交流、探究等认知活动，学生逐步学会分析历史事件的时间、地点、人物等要素，把握事件的前因后果；学会纵向比较不同历史时期的异同，横向比较不同国家、地区的差异；学会合理想象历史场景，对历史人物的心理活动进行预设和推断；学会运用一定的价值标准，全面客观地评判历史人物和事件。历史思维能力的发展，标志着学生历史认识的理性化、科学化水平显著提高。

其三，历史价值观的确立。历史观念的形成最终要落实到价值判断和价值选择上。学生在学习和思考历史的过程中，逐步形成对历史规律的整体把握，树立正确的世界观、人生观、价值观。这些价值观内化为学生认识世界、改造世界的行为准则，指引学生成长发展的方向。

总之，历史观念的生成是一个知识、能力、价值观全面发展的过程。这一过程不是一蹴而就的，需要学生在教师指导下，通过长期主动地学习和思考，才能真正确立科学、正确的历史观。

二、培养科学历史观的教学原则

（一）整体性原则

历史观念是一个复杂的有机整体，其形成和发展遵循特定的逻辑顺序。因此，在教学中要遵循观念形成的一般规律，循序渐进、由易到难地引导学生构建科学的历史观念体系。

具体来说，教学中要注意处理以下关系：一是历史知识与历史思维的关系。要合理设计教学目标，在夯实学生知识基础的同时，注重历史思维能力的培养，避免只重视知识灌输而忽视能力发展。二是历史唯物主义与唯心主义的关系。要引导学生辩证看待历史发展的物质基础与精神动力，既看到经济基础对上层建筑的决定作用，又看到上层建筑对经济基础的反作用，避免机械唯物主义或历史唯心主义的片面性。三是历史规律性与偶然性的关系。要引导学生既看到历史发展的一般规律，又看到历史事件的特殊性、复杂性，避免用教条主义或相对主义的眼光看待历史。只有统筹兼顾、整体施教，才能帮助学生形成内在统一、逻辑严密的科学历史观体系。

(二) 主体性原则

历史观念的形成归根结底要靠学生主动建构。因此，培养学生科学历史观，教学中要充分发挥学生学习的主体性，让学生在主动探究、交流互动中生成个性化的历史认识。

教学中要采取以下策略：一是创设问题情境，激发学生的探究欲望。可以围绕教学主题，提出有悬念、有难度的核心问题，引发学生思考和讨论的兴趣。二是提供丰富的学习资源，为学生自主学习创造条件。精心选择反映不同史观的史料、图表、影像等材料，引导学生自主提取、比较信息，得出合理判断。三是开展讨论交流活动，促进不同观点的交锋和碰撞。通过小组讨论、主题辩论等形式，让学生充分表达自己的见解，在观点交流中加深认识，形成共识。四是关注学生的情感体验，引发情感共鸣。选取蕴含价值判断的历史事件，创设情境，引导学生换位思考，在与历史人物情感互动中加深对历史的理解。总之，教学中要最大限度地调动学生的主动性、积极性，唤起学生的认知和情感，在师生互动、生生互动中共同提升对历史的认识。

(三) 问题导向原则

问题是历史认识的逻辑起点。一个好的历史问题，往往蕴含丰富的思考价值，能够引发学生深入探究历史的兴趣。因此，教学中要以问题为导向，引导学生在思考质疑中生成科学历史观。

教学中，教师首先要研究教材，发现蕴含历史观念生成价值的核心问题。这些问题一般具有开放性、综合性、探索性等特点，能引起学生广泛思考。其次，要把核心问题转化为学生可以理解、愿意探究的学习问题。学习问题的设计要符合学生认知水平，语言表述要直白、有吸引力。再次，要围绕问题开展教学，引导学生搜集和解读相关史料，交流不同观点，在头脑中形成对问题的初步认识。最后，要引导学生在已有认识基础上，对问题开展深入探究。通过纵向、横向比较等方法，发现问题的不同侧面，进而上升到对历史本质、历史规律的把握。总之，教学中要发挥问题的导向作用，以问题串起学习过程，以问题深化学生思考，引导学生在主动探究中建构科学历史观。

(四) 实践导向原则

历史观念的培育最终要落实到学生运用历史知识分析、解决实际问题的社会实践中。因此，教学中要坚持实践导向，引导学生关注现实，用所学历史知识武装头脑、指导实践。

一方面，教学要密切联系社会生活中的热点问题，引导学生运用历史视角分析问题的成因、本质。例如，在学习资本主义发展史时，可以结合当前中美贸易摩擦等热点，引导学生思考世界格局演变的历史逻辑，理解构建人类命运共同体的重要性。在学习社会主义革命史时，可以结合社会主义现代化建设的成就，引导学生感悟社会主义道路的历史必然性，坚定"四个自信"。

另一方面，教学还要组织学生开展社会实践活动，把课堂延伸到课外，把历史与现实紧密结合起来。例如，在学习抗日战争时，组织学生走访老战士，聆听抗战故事，感悟中华民族不屈不挠的革命精神。在学习改革开放史时，组织学生参观改革开放成就展，实地感受改革开放给国家和个人生活带来的巨大变化。实践活动能让学生在亲身体验中加深对历史的理解，内化科学历史观，同时培养学生理论联系实际、知行合一的能力。

总之，培养学生科学历史观要坚持整体施教、发挥学生主体性、突出问题导向、强化实践育人。在教学过程中，教师要精心设计教学内容，创设有利于观念生成的教学情境，引导学生主动参与探究，思考历史、研究历史，最终在思想碰撞、实践体验中确立正确的世界观、人生观和价值观。

三、历史观培育的具体教学策略

(一) 观点比较：多角度认识历史本质

一个历史现象往往有着错综复杂的表现和多重内涵，用不同的立场、视角观察，会得出不同的结论。因此，教学中要引导学生多角度分析历史现象，通过观点比较，认识历史的丰富内涵和本质规律。

以学习"资产阶级革命"为例。资产阶级革命作为人类社会从封建社会向资本主义社会过渡的重大事件，在历史上有着复杂的评价。教学中，教师可以选取不同阶级、不同时期的人物，如资产阶级革命家、保守主义贵族、小资产阶级等，展示他们对革命的不同态度和评价，引导学生比较分析各方观点，探讨形成这些观点的社会条件和阶级立场。通过观点比较，学生能更全面地认识资产阶级革命的时代背景、阶级实质、进步意义和局限性，进而深化对革命与改良、暴力革命与和平过渡等关系的理解，形成正确的革命观和社会进步观。

再如，在学习近代中国的历史转折时，也可以运用观点比较法，引导学生多视角认识这一时期的历史特点。教师选取洋务派、维新派、革命派等不同主张的史料，展现他们在变革途径、目标追求上的分歧，引导学生剖析各派系主张形成的社会根源和阶级局限，进而明确只有无产阶级领导的新民主主义革命才是救国救民的正确道路。通过分析比较，学生能跳出单一视角的桎梏，辩证看待近代中国革命的曲折性、艰巨性，深化对社会主义革命历史必然性的理解。

总之，恰当运用观点比较法，能引导学生换位思考、多角度观察历史现象，认识历史发展的复杂性，在矛盾中把握历史的本质和规律，树立科学、全面的历史观。

(二) 情境体验：在价值判断中培育家国情怀

历史学习不仅要认识历史，更要评判历史、借鉴历史。因此，教学中要创设富有情感体验的教学情境，引导学生在历史情境中感悟前人的价值追求，进行价值判断，培育深厚的家国情怀。

以《新民主主义革命的兴起》为例。该课围绕中国共产党成立、国民革命的兴起等内容展开。教学中，教师可以营造身临其境的历史情境，如播放五四运动的历史影像，朗读革命志士的光荣事迹，让学生置身于波澜壮阔的革命洪流中，感受革命先辈为民族独立、人民解放而英勇斗争的崇高精神。在情感体验中，引导学生评判当时中国所处的社会现状，探讨革命和改良的异同，感悟革命的艰辛和伟大，继承和发扬革命先烈的爱国主义精神。

又如，在学习抗日战争历史时，教师可以利用历史文献、口述史料等素材，让学生设身处地体验中华民族苦难深重的历史，了解一个个可歌可泣的英雄事迹，感受全民族抗战的磅礴力量。在情感体验中，引导学生分析日本发动侵略战争的原因，揭示以美国为首的西方列强对日本法西斯扩张的纵容，评价中国人民抗日战争的巨大贡献和世界意义，从而树立正确的民族观、国家观，激发保家卫国的爱国热情。

总之，营造沉浸式的历史情境，能唤起学生鲜活的情感体验，加深对历史的理解和认同。教师要注重在情境中渗透价值引导，引导学生在体验、判断中坚定理想信念，传承红色基因，树立为中华民族伟大复兴而奋斗的历史使命感。

（三）探究追问：引导学生追本溯源、触及本质

探究是历史学习的重要方式，其核心在于追问。学生只有对历史现象刨根问底、探求本源，才能揭示历史的内在规律，形成科学的历史认识。因此，教学中要设计富有探究价值的问题，引导学生探究追问，在不断深化认识中构建历史观念。

以学习《社会主义制度在中国的确立》为例。教学中，教师可以设计一系列递进式的问题，如：新中国为什么要实行社会主义改造？社会主义改造包括哪些主要内容？社会主义改造对中国社会发展有什么意义？通过层层设问，学生探究了社会主义改造的历史背景、基本内容、意义作用等，在探究中理解社会主义改造的历史必然性，认识社会主义制度对中国发展的重大意义，增强走中国特色社会主义道路的自觉性。

再如，在学习人类文明起源时，教师可以设计这样一个问题："为什么四大文明古国都发源于河流流域？"这个问题能引导学生深入探究农业文明形成的自然条件，分析比较河流文明的共同特征，进而上升到对文明与自然环境关系、人类认识和利用自然规律的认识，树立尊重自然、人地和谐的文明发展观。

总之，教学中要鼓励学生质疑问难、勇于探究，引导学生突破表象，触及历史现象的本质。在探究追问中，学生在原有知识经验的基础上，不断调整、深化自己的历史认识，逐步构建起科学的历史观念体系。

（四）比较借鉴：学以致用，古为今用

"以史为鉴，可以知兴替。"历史具有借鉴价值。学习历史，要善于总结历史经验教训，联系现实，指导当前的实践。教学中，教师要引导学生纵向比较历史的发展演变，横向比较不同国家的异同，在比较借鉴中学会运用历史眼光分析问题，增强历史使命感和社会责任感。

例如，在学习资本主义发展史时，教师设计这样一个问题："如何看待马克思主义经典作家对资本主义社会矛盾的分析？"这一问题可引导学生梳理马克思主义经典作家对资本主义发展规律、基本矛盾的科学论述，结合当今发达资本主义国家的社会现实，思考资本主义制度在解决贫富分化、生态危机等方面的局限性，从而加深对科学社会主义在解决人类问题上的优越性的认识，坚定中国特色社会主义发展道路。

又如，在学习中国古代治乱兴衰史时，教师可以选取历朝盛衰的典型事例，引导学生比较分析其成败原因，总结历史发展的基本规律。如比较汉武帝时期的文景之治与晚年的苛政、唐太宗的贞观之治与晚唐藩镇割据的对比，引导学生感悟"民惟邦本，本固邦宁"的为政理念，以及"天下兴亡，匹夫有责"的忧患意识。这些历史经验对于当代学生树立正确的政绩观、培育家国情怀具有重要启示意义。

总之，教学要善于引导学生融会贯通，以史为鉴，把历史知识转化为分析现实问题的思维工具，转化为推动社会进步的精神动力。唯有学以致用，把个人理想与国家前途、民族复兴紧密结合在一起，历史课堂才能彰显育人价值，历史学习才有现实意义。

第三节　高中历史大概念教学中的个案应用

历史学科的核心素养，要落实到具体的教学个案中才能彰显其育人价值。大概念教学有助于推动学生从低阶思维走向高阶思维，从知识掌握上升到能力培养。本节选取高中历史教学中的若干典型课例，探讨如何在历史事件、历史人物、历史文化等不同类型的教学中落实大概念，进而培养学生的

历史学科素养。

一、历史事件型：以"甲午中日战争"为例

（一）教学背景分析

甲午中日战争是中国近代史上的重大事件，对中华民族产生了深远影响。《普通高中历史课程标准》将其列为必修内容，要求学生"了解甲午战争的经过，认识其在中国近代史上的重要地位"。因此，教学不能仅停留在让学生掌握史实，更要引导学生从政治、经济、文化、军事等多角度剖析战争爆发的原因，把握战争对中国社会发展进程的影响，进而加深对中华民族救亡图存历程的认识。

分析本课蕴含的学科大概念，主要有：民族危机、列强侵略、变法维新、半殖民地半封建社会等。教学中，教师要引导学生在掌握这些大概念内涵的基础上，提炼甲午战争的历史地位，并尝试运用唯物史观分析其发生的社会根源，树立维护国家主权完整、捍卫民族尊严的爱国主义情怀。

（二）学习目标设计

基于学情分析和大概念内涵，教师拟定本课的学习目标：

知识目标：了解甲午战争的背景、经过、结果，理解《马关条约》的主要内容。

能力目标：通过分析历史资料，概括甲午战争爆发的原因，评价战争对中国近代社会的影响，提高历史阅读与分析能力。

情感态度价值观目标：认识甲午战争是中国由独立国家沦为半殖民地半封建社会的标志性事件，理解中华民族救亡图存的艰辛历程，增强爱国主义情感。

（三）教学过程展开

课堂导入：呈现《中国的耻辱》《装睡的雄狮》等时事漫画，引导学生说出对画面的感受。简述甲午战争的基本史实，提出问题："为什么会爆发这场改变中国命运的战争？"

探究环节一：甲午战争爆发的背景和原因。

教师呈现光绪二十年（1894）朝鲜国王致总理衙门照会及总理衙门复朝鲜国王照会，学生自读史料，提炼日本和清政府在朝鲜半岛的矛盾冲突。教师引导学生思考：为什么日本要吞并朝鲜？为什么清政府坚持对朝宗主国地位？

教师补充讲解日本明治维新后走上军国主义道路，渴望对外扩张以获取资源和市场；而清政府统治集团腐朽无能，难以应对列强的挑战。由此引出，甲午战争是中日两个不平等的封建国家之间，在帝国主义列强势力介入下，为争夺在朝鲜的利益而爆发的一场战争。

设置讨论：如果你是当时的清政府，面对日本的威胁，你会如何应对？学生自由讨论并发言。教师总结：当时中日实力悬殊，清政府面临内忧外患；统治集团麻木不仁，错失战略机遇，最终导致战争全面爆发。

探究环节二：甲午战争的经过与结局。

教师出示黄海海战和威海卫海战的示意图，学生观察图上信息，分析清军失利的原因。教师引导学生思考：为什么清政府屡战屡败？

学生自主探究提炼信息：清军武器装备落后，军队训练不足，指挥不力，士气低落；而日军经过明治维新，工业化水平显著提高，军事实力大为增强。

师生共同总结：甲午战争充分暴露了清王朝的腐朽无能，也反映出中国落后挨打的悲惨现实。

接着，教师呈现《马关条约》原文，学生自读后回答：《马关条约》的签订给中国主权和领土完整带来哪些损害？条约是如何侵犯中国主权的？从条约内容看，甲午战争对中国有何深远影响？

学生讨论交流后，教师引导归纳：割让领土、赔款、开放通商口岸等条约内容严重损害了中国主权和利益，标志着中国逐步沦为半殖民地半封建社会。《马关条约》是中国近代史上的屈辱条约，揭示了列强对华侵略的加剧。

探究环节三：甲午战争的历史地位。

设置问题：甲午战争在中国近代史上有何重要地位？为什么梁启超称其"二十年来所受之奇耻大辱，未有甚于此者"？

学生分组讨论后发言。教师总结：甲午战争是中国近代史上由盛到衰的转折点，是中国沦为半殖民地半封建社会的标志性事件，极大地刺激了中国人民的爱国热情，推动了救亡图存运动的兴起。但同时我们也要看到，战争的失败反映出中国与列强的实力差距，学习和赶超先进文明是实现民族复兴的必由之路。

课堂小结：

教师指出，甲午战争是一场不平等的战争，暴露了清王朝的腐朽和无能，把中华民族推向亡国灭种的边缘。但也正是在民族危机中，无数仁人志士奋起抗争，探索救国救民的道路，谱写了一曲曲气壮山河的爱国主义篇章。历史启示我们，落后就要挨打，发展才是硬道理。今天，我们要继续发扬中华民族自强不息的伟大精神，在中国共产党的领导下，为实现中华民族伟大复兴而不懈奋斗。

课后反思：

甲午战争是一个极其典型的历史事件，蕴含着丰富的历史大概念。教学中，教师应突出"民族危机""列强侵略""半殖民地化"等核心概念，引导学生透过纷繁复杂的历史现象把握历史发展的主题，理解甲午战争在近代中国历史转折中的关键作用，树立正确的民族观和国家观。教学还应注重开展探究式、讨论式教学，鼓励学生发表看法，在平等交流、头脑风暴中加深对历史规律的认识。总之，大概念教学不仅要让学生掌握知识，更要在学思践悟中提升学生的历史思维能力，引导学生从历史中汲取智慧和力量。

二、历史人物型：以"曾国藩"为例

（一）教学背景分析

曾国藩是中国近代史上一位具有重要影响的历史人物。他出身于湖南汉族官宦家庭，少年时勤奋好学，中进士后官至两江总督等要职。在太平天国运动中，他领导的湘军是镇压农民起义的主力。同时，他也是洋务运动的代表人物，推行自强新政，主张"师夷长技以制夷"。

《普通高中历史课程标准》要求学生"认识太平天国运动的进程，了解曾国藩等人领导湘军镇压起义的史实"。同时，也要求学生"了解洋务运动兴起的背景，评价洋务运动的历史作用和局限"。可见，曾国藩是理解太平天国运动、洋务运动不可或缺的关键人物。教学中，需要引导学生客观看待曾国藩的历史功过，理解他在两大事件中所起的重要作用，进而从一个侧面认识近代中国社会的发展历程。

纵观曾国藩的一生，可以提炼出"农民起义""封建专制统治""师夷长技""中体西用"等与其密切相关的大概念。教学中，教师要引导学生抓住这些核心概念，多角度分析曾国藩的社会角色和思想观念，透过一个具体的历史人物去认识一个时代的主题，进而培养历史阐释和价值判断能力。

(二) 学习目标设计

结合人教版高中历史必修一教材，围绕曾国藩这一人物，设计本课学习目标：

知识目标：了解曾国藩的生平事迹，理解他在太平天国运动和洋务运动中的重要作用。

能力目标：通过分析曾国藩的言行，概括其在军事、政治、经济等方面的主要成就，评价其思想观念的进步性和局限性，提高历史解释和评价能力。

情感态度价值观目标：以史为鉴，正确看待历史人物的功过是非，理解近代中国社会性质和主要矛盾，从曾国藩的人生经历中感悟"富国强兵"的爱国主义精神。

(三) 教学过程展开

课堂导入：出示曾国藩画像，简要介绍其身世背景。抛出问题：曾国藩在中国近代史上有何重要影响？为什么人们对他的评价存在很大争议？

探究环节一：曾国藩领导湘军镇压太平天国。

教师呈现史料：曾国藩给湘军将领的一封信。学生自读后回答：信中主要谈了哪些内容？曾国藩是如何领导湘军作战的？

学生交流信件反映出的要点：严明军纪、重视军需补给、因地制宜、注重情报工作等。教师进一步阐释曾国藩调兵遣将、运筹帷幄的指挥才能。

接着，师生共同讨论：农民军为什么会失败？曾国藩镇压太平天国说明了什么？学生自由发言。教师引导总结：太平天国运动反映了人民要求推翻封建统治的强烈愿望，但由于自身的局限性和清政府的疯狂镇压而最终失败。曾国藩作为封建地主阶级的代表，维护了清王朝的统治，客观上延缓了中国社会的进步。他的行为体现出封建统治阶级的本质。

探究环节二：曾国藩倡导洋务运动。

呈现《筹议夷务六条》原文，学生自读并提炼要点。教师指导归纳：兴办军工企业、培养技术人才、学习西方先进科技等。

师生讨论：曾国藩为什么要推行洋务运动？洋务运动体现了什么样的思想观念？对中国近代化进程有何影响？

学生交流发言。教师总结：鸦片战争以后，西方列强对中国的侵略日益加剧。曾国藩等地主阶级开明人士意识到师夷长技的必要性，希望通过学习西方，实现"中体西用"，维护清王朝统治。洋务运动客观上促进了中国近代民族工业的发展，是中国向现代化迈出的一小步，但受封建思想和制度的束缚，未能从根本上改变中国的落后面貌。这反映出统治阶级"器不变而心变"的改良思想。

探究环节三：曾国藩的历史评价。

设置讨论：如何客观评价曾国藩的历史功过？曾国藩的人生经历给我们哪些启示？

学生分组讨论，班级交流。教师总结：曾国藩是一个颇具争议的历史人物，镇压农民起义体现其维护封建统治的反动本质，推行洋务运动则表现出爱国主义的一面。评价历史人物要用发展的眼光全面地看待，既要看到曾国藩的进步作用，也要看到其历史局限性。曾国藩的人生经历启示我们，爱国不分先后，但爱国的内容和方式要与时俱进。作为青年学生，要立志报国，掌握真才实学，在中华民族伟大复兴的征程中书写无愧于时代的人生篇章。

课堂小结：

教师指出，曾国藩身处内忧外患的动荡时代，以其卓越的军事政治才能影响了中国近代历史进程。他的一生凝结了那个时代的烙印：既有顽固保守、维护封建专制的一面，也有爱国图强、力图振兴中华的一面。在一定意义上，曾国藩反映了近代中国知识分子的精神困境和探索道路。作为后人，我们要以史为鉴，汲取前人的智慧，在前人开辟的道路上继续前行，以实现中华民族伟大复兴为己任，肩负起民族振兴的历史重任。

课后反思：

以曾国藩为例开展人物史教学，是帮助学生深入理解中国近代社会发展历程的有效方式。教学中，教师要引导学生透过曾国藩的个人奋斗历程，把握时代主题，认识社会发展规律。同时，教师还要注重引导学生树立正确的历史观，学会辩证看待、客观评价历史人物，理解不同历史时期的进步内容和时代局限。在价值引领上，教师要激发学生的家国情怀，引导学生从曾国藩身上汲取爱国主义的营养，自觉把个人理想融入民族复兴的伟业之中。总之，大概念教学不仅要重视知识目标，更要注重学科能力、价值观念的培养，引导学生在认识历史、评价历史中成长进步，担负起时代赋予的光荣使命。

三、历史文化型：以"丝绸之路"为例

(一) 教学背景分析

丝绸之路是古代中国联通亚欧大陆的重要通道，是东西方经济、文化交流的象征。作为人类文明进步的产物，丝路文化至今仍闪耀着智慧的光芒，对构建人类命运共同体、推动不同文明交流互鉴具有重要启示意义。

《普通高中历史课程标准》要求学生了解"丝绸之路的开通过程及其对中外文化交流的意义"。可见，教学不能仅停留在丝路线路、站点等知识性内容，更要引导学生认识丝路在促进中外经济文化交流中的独特作用，理解"丝路精神"蕴含的和平合作、开放包容、互学互鉴、互利共赢的时代价值，增强文化自信。

围绕丝绸之路这一主题，可以提炼出"文明互鉴""经济贸易""民心相通"等大概念。教学中，教师要把握这些核心概念，引导学生全面认识丝绸之路的历史地位和现实意义，树立正确的文化观、交往观，自觉传播和弘扬中华优秀传统文化，促进人类文明进步。

(二) 学习目标设计

结合人教版高中历史必修一教材，围绕丝绸之路文化，设计本课学习目标：

知识目标：了解丝绸之路开辟的背景、主要路线，认识其对中外经济文

化交流的重大意义。

能力目标：通过分析丝路沿线重要遗迹、历史事件，概括"丝路精神"的主要内涵，感悟不同文明交流互鉴的重要性，增强文化传播能力。

情感态度价值观目标：以丝绸之路为载体，认识中华文化的世界影响，增强民族自豪感和文化自信，践行"一带一路"倡议，促进人类命运共同体建设。

（三）教学过程展开

课堂导入：播放丝路探险纪录片片段，呈现丝路壮美的自然景观和人文遗迹，激发学生探究丝绸之路的兴趣。设置问题：为什么说丝绸之路是一条改变世界的道路？

探究环节一：丝绸之路的开辟。

教师讲述张骞通西域的故事。学生思考：汉代中原王朝为何要开辟丝绸之路？这条路线对中原王朝有何重要意义？

学生自由讨论发言。教师引导总结：对内可以促进多民族交流，巩固边疆；对外可以联合西域，抗击匈奴，同时获得西方先进物产，刺激社会经济发展。因此，开辟丝绸之路是汉代统治者的一项重要战略举措。

接着，教师出示丝绸之路线路示意图。学生观察主要站点分布，思考这些地点的地理特征。教师讲解：丝绸之路由中原通往中亚、西亚直至欧洲，途经高原、盆地、沙漠等不同地貌区，组成陆上商贸大动脉。海上丝绸之路始于秦汉，经隋唐发展成熟，成为中外交往的重要通道。陆海并举的丝绸之路网络，见证了中华文明同世界各国的友好往来。

探究环节二：丝绸之路的文化交流。

分组探究：丝绸之路沿线都传播了哪些中华文化？外来文化又给中原地区带来哪些影响？找证据支撑你的观点。

各小组调研资料，整理论据后发言。教师补充：中国的四大发明、汉字、儒家思想传播到欧亚大陆；同时佛教、石窟艺术、葡萄酒酿造等外来文化传入中原，丰富了中华文明。丝绸之路不仅是商品贸易之路，更是知识技术传播之路、信仰理念交融之路。不同文明在这里和谐共处，求同存异，彼此借鉴，共同进步。这种包容开放的文化交往观，是人类文明进步的重要法宝。

接着，师生共同评价玄奘西行求法的意义。教师引导学生思考：玄奘西行体现了中华文化的哪些品格？玄奘精神对当代文化交流有何启示？学生畅所欲言。教师点评：玄奘身上体现出中华民族勇于探索、海纳百川的开放胸襟。他求知若渴、博采众长的治学态度，值得当代学子学习。在全球化时代，我们要以玄奘为榜样，积极开展文化交流，相互欣赏，互学互鉴，共同推动人类文明进步。

探究环节三："一带一路"倡议与丝路精神。

播放"一带一路"宣传片，学生谈感受。教师指出，"一带一路"倡议是我国的国际合作倡议，核心是共商、共建、共享，旨在促进各国在政策、设施、贸易、资金、民心等方面的互联互通。这一倡议植根于古丝绸之路的深厚底蕴，是对"丝路精神"的创新发展。

接着，师生讨论：什么是丝路精神的核心内涵？丝路精神对人类文明发展有何积极意义？学生踊跃发言。教师归纳：和平合作、开放包容、互学互鉴、互利共赢构成丝路精神的基本内核。在当今世界纷繁复杂的国际形势下，丝路精神为处理国与国关系提供了智慧启示。秉持丝路精神，开展多边合作，促进不同文明交流对话，是应对全球性挑战、实现人类命运共同体的必由之路。

课堂小结：

教师指出，丝绸之路承载着灿烂的中华文明，也传播着各国人民友好相处的美好愿望。千百年来，这条古老的商路化作文明之路、友谊之路，将中外人民的心紧密相连。作为新时代的青年学子，我们要继承和弘扬丝路精神，以开放包容的胸怀学习借鉴其他文明，以合作共赢的理念参与国际事务，推动构建人类命运共同体，为人类文明进步贡献中国智慧和中国方案。

课后反思：

以丝绸之路为引子开展文化史教学，是落实核心素养、培育家国情怀的重要抓手。教学中，教师要聚焦"文明互鉴""民心相通"等大概念，引导学生全面认识丝绸之路在中外交流史上的重要地位，感悟丝路精神蕴含的时代价值。在能力培养上，教师要注重创设问题情境，组织学生开展探究合作，提高学生分析问题、解决问题的综合素养。在价值引领上，要激发学生的文化自信，引导学生在继承优秀传统文化的基础上，以海纳百川的襟怀吸收借鉴其他文明的有益成果，推动中华文化创造性转化、创新性发展，为人类文明进步作贡献。总之，大概念教学要致力于学生核心素养的提升，帮助学生树立正确的世界观、人生观和价值观，努力成长为担当民族复兴大任的时代新人。

第四节　历史课堂中实施深度学习的支点

实现深度学习是新课改的核心诉求。深度学习强调学生主动构建知识意义，发展高层次思维能力，塑造积极健康的价值观念。在高中历史课堂中实施深度学习，需要把握影响课堂深度的关键因素，精心设计教学内容，创新教学模式，优化教学评价，为学生深度学习创造有利条件。

一、学科核心素养：深度学习的方向

（一）历史学科核心素养的内涵与表现

学科核心素养是学生通过学科学习，逐步形成的正确的价值观念、必备的品格和关键能力。2017 年，教育部印发的《普通高中历史课程标准》，从认知、情感、能力三个维度提出了历史学科核心素养的主要内容：

其一，唯物史观。树立正确的历史观，运用唯物辩证的方法认识和解释历史现象，把握历史发展的基本规律。

其二，时空观念。理解不同时期、不同地域的社会特点，认识历史发展的多样性，增进对不同国家、民族的理解和尊重。

其三，史料实证。尊重历史事实，依据可信史料，运用历史研究的基本方法分析和解释历史问题。

其四，历史解释。把握历史事件的前因后果，理解历史现象的多重影响，提出合理的历史解释。

其五，家国情怀。热爱祖国，认同中华民族，传承和弘扬中华优秀传统文化，树立为实现中华民族伟大复兴而奋斗的共同理想。

历史学科核心素养的培育是一个渐进的过程。它要求学生在掌握系统历史知识的基础上，发展历史思维方式，形成正确价值观念，最终内化为自觉的行动品质。比如，学习中国古代史，学生要理解社会生产力发展状况与政治制度、意识形态的关系，分析农业文明时代专制主义中央集权制度的形成与延续原因，领会"修身齐家治国平天下"的儒家治国理念，传承中华民族自强不息的优秀品格。可见，历史学科核心素养贯通知识、能力、情感三个维度，彰显历史学科的综合育人价值。

(二) 学科核心素养引领下的深度学习

历史学科核心素养为深度学习指明了方向。学科核心素养聚焦学科学习的终极目标，强调学以致用，关注学生全面而有个性地发展，体现了社会主义核心价值观对教育的引领作用。而深度学习则重在学生认知和情感的内在发展，关注学生知识建构、能力形成的过程，突出学生的主动探究和实践体验。二者在培养目标上一脉相承，在实施路径上相互依存。

在历史课堂教学中，应把学科核心素养的培育作为深度学习的落脚点。教师要围绕学情分析、学科特点，精选蕴含学科核心素养的教学内容，创设有利于学生主动建构知识的教学情境，引导学生开展观点碰撞、经验总结，在"高阶思维""实践体验"中发展学科关键能力，塑造积极价值观念。同时，教师还应关注学生在深度学习中的收获和感悟，通过多元评价激励学生反思、持续学科核心素养的内化与提升。

总之，学科核心素养引领下的深度学习，致力于学生综合素质的提升，强调知识、能力、情感的融合发展，要求教师立足学情、突出主体，促进学生在体验、感悟中完成从"习得知识"到"内化于心"再到"外化于行"的升华，最终成长为全面发展的社会主义建设者和接班人。这是新时代赋予教育工作者的神圣使命。

二、学习任务：深度学习的载体

(一) 学习任务的特征与类型

学习任务是深度学习得以实现的重要载体。美国学者勒曼（Lehman）等提出，深度学习任务应具备高度复杂性和挑战性，能激发学生运用高阶思维持续探究问题。我国学者李方义等基于实证研究指出，有利于深度学习的任务应强调理解性学习，整合探究、讨论、合作等多种模式，为学生创造个性化表达的机会。

根据认知过程和学习方式的不同，深度学习任务可分为以下类型：

其一，基于问题的探究任务。教师设计具有开放性、综合性、挑战性的核心问题，引导学生通过资料搜集、信息加工、方案设计等，构建对问题的独特理解。例如，在学习中国古代科技成就时，教师可以设计"为什么古代中国独领风骚的四大发明在近代却未能带来工业革命"的问题，引导学生探究中国近代科技落后的原因，理解马克思主义唯物史观。

其二，基于讨论的互动任务。教师创设开放、平等的讨论情境，鼓励学生通过头脑风暴、小组辩论等，交流不同观点，加深对问题的认识。例如，在学习美国制宪历史时，教师可以设置"美国《独立宣言》是用革命的血写就的，还是用政治妥协换来的"的讨论主题，引导学生在观点交锋中理解早期美国两党制的形成过程，领悟统一与分裂在美国历史上此消彼长。

其三，基于项目的实践任务。教师设计综合运用多学科知识开展社会实践的大项目，引导学生通过小组合作完成知识建构。例如，在学习第二次世界大战时，教师可以设计"二战对人类文明的影响"的专题研究项目，组织学生搜集各国史料，分析战争给政治、经济、文化带来的影响，通过成果展示加深认识战争的危害，树立维护世界和平的意识。

其四，基于情境的体验任务。教师创设沉浸式情境，引导学生在角色扮演等活动中获得身临其境的直接体验。例如，在学习南京条约时，教师可以设计"晚清社会各阶层人士眼中的《南京条约》"的体验活动，让学生扮演地主、农民、商人、洋务派等角色，表达对《南京条约》的态度和看法，加深认识不平等条约给中国社会带来的灾难。

以上任务类型并非相互割裂，实践中往往交织在一起。但无论采取何种任务形式，都要坚持学生主体、教师主导，在师生良性互动中完成对知识的主动建构，在实践体验、反思升华中发展学科核心素养。

(二) 学习任务的设计策略

学习任务的有效设计是深度学习的关键。历史学科要结合学情实际，科学编排学习任务，为学生营造"学思并重、知行合一"的生成性课堂。主要应把握以下策略：

首先，聚焦学科大概念。学习任务要紧扣学科核心概念，引导学生在学习具体史实的基础上，探究历史现象背后的本质和规律。如在学习资本主义发展史时，教师要围绕"资本""剩余价值""经济危机"等核心概念设计探究任务，引导学生运用唯物史观分析资本主义生产方式的本质特征。

其次，关注认知冲突。认知冲突是深度学习的驱动力。教师设计学习任务时，可创设与学生原有认知相悖的问题情境，激发学生主动探究的欲望。如在学习明清盛世时，可设置"明清时期中国经济、文化繁荣发达，为什么最终仍然落后于西方"的问题，制造认知冲突，引导学生探寻明清农业文明非持续性发展的深层原因。

再次，突出学科思维。历史学习要培养学生的历史思维品质。教师要设计强调比较、分析、概括、评价的学习任务，引导学生在问题解决中内化学科思维方式。如学习中国共产党领导的革命历程时，教师可以设计"中国共产党领导革命取得胜利的原因是什么"的任务，引导学生运用历史唯物主义方法分析人民群众在革命中的作用。

最后，注重生成性评价。教师要改变终结性评价方式，采取生成性评价，及时诊断、反馈学生在任务完成中的表现，帮助学生调整学习策略。评价要体现开放性，允许学生个性化地表达和呈现。如在学习南京条约时，可设计创作时政漫画的任务，让学生以漫画形式评价南京条约的历史作用，教师给予鼓励性反馈，引导学生进一步思考不平等条约给中国社会发展带来的长远影响。

总之，深度学习任务的设计要立足学情、突出主体，围绕学科核心问题和关键能力，为学生创设体验性、生成性的学习情境，引导学生在主动探究和实践反思中完成知识内化，实现从学科知识、思维方式到价值观念的升华，最终提升综合素养。

三、教学模式：深度学习的路径

（一）历史学科常用教学模式

教学模式是教与学活动的基本范式，对深度学习具有重要影响。历史学科常采用讲授式、探究式、合作式等教学模式，各具特色和优势。

讲授式教学强调教师主导，通过系统阐述帮助学生理清历史发展脉络。这种模式有利于教师梳理学科体系，引导学生快速理解和记忆教学内容。但如果过度使用，容易导致满堂灌，抑制学生的主动性。因此，现代讲授式教学主张精讲多练，在教师讲解的基础上，通过学生自主复述、讨论等帮助学生内化知识。

探究式教学强调学生主体，围绕核心问题开展自主探究。这种模式有利于学生发展批判性思维，主动建构知识。但受学生知识经验局限，部分探究可能流于形式，需要教师加以引导。因此，探究式教学要处理好教师指导与学生自主的关系，通过合理设置探究任务，引导学生"学会探究"。

合作式教学强调生生互动，通过小组协作完成知识建构。这种模式有利于发挥集体智慧，培养学生沟通协作能力。但在实践中，可能出现某些学生"搭便车"现象，影响学习效果。因此，合作式教学要合理设置小组，制定明确的合作规则和评价标准，调动全体学生参与的积极性。

总之，每种教学模式都有优缺点，关键在于教师能否根据教学内容和学情实际灵活选用，通过优化组合，最大限度激发学生的内在学习动力。下面以"翻转课堂"模式为例，说明如何整合不同教学模式，创设有利于深度学习的课堂生态。

（二）翻转课堂：深度学习的新范式

翻转课堂是近年来兴起的新型教学模式。与传统"先在课堂学习，后课下作业"不同，翻转课堂强调学生先通过教师提供的微视频、电子课件等自主学习，了解基本知识，然后在课堂上通过讨论、合作、探究等方式，在教师指导下深化对知识的理解。可以说，翻转课堂是讲授式、探究式、合作式教学的有机整合，是深度学习的新路径。

在历史课堂中实施翻转，可采取"课前自主学习＋课中合作探究＋课后巩固提升"的流程。以学习"辛亥革命"为例：

课前，教师提供辛亥革命的背景资料，录制微课介绍辛亥革命的经过，布置学生通过查阅资料、观看微课独立学习基础知识。教师还应设计学习单，引导学生梳理知识框架。

课中，学生围绕"辛亥革命的历史意义"开展小组讨论。讨论中，学生运用课前所学知识，从不同角度分析辛亥革命的进步作用，如推翻帝制、建立共和等，加深对知识的理解。教师应适时参与讨论，启发学生从社会各阶级的利益出发分析辛亥革命的局限性。通过头脑风暴、观点碰撞，学生建构起对辛亥革命比较全面、深刻的认识。

课后，学生撰写学习心得，谈谈对辛亥革命的评价，并思考在新民主主义革命时期，如何吸取辛亥革命的教训，避免重蹈覆辙。教师给予反馈指导，促进学生内化新知。

在整个过程中，教师从"知识传授者"转变为"学习引导者"，学生从"被动接受者"转变为"主动建构者"。这种师生角色的转变，有利于激发学生学习动力，培养学生自主学习、深度思考的意识和能力，彰显了翻转课堂的深度学习特质。

当然，实施翻转课堂对教师的教学设计、信息技术应用等能力提出了更高要求。教师要认真钻研教材，挖掘学科核心问题，围绕问题设计灵活多样的学习资源和任务单，为学生创设自主学习的空间。同时，教师还要提升信息技术素养，制作微视频、学习平台，为翻转课堂的顺利实施提供技术支持。总之，教师观念与能力的更新，是推行翻转课堂的关键。

四、学习评价：深度学习的助推器

(一) 深度学习视域下的历史学习评价

学习评价是深度学习不可或缺的重要环节。传统的历史学习评价往往采用标准化笔试，注重知识性、结果性考查，容易导致学生应试学习，不利于学科核心素养的发展。深度学习则强调过程性、生成性评价，关注学生知识、能力、情感的整体发展。

在深度学习视域下，历史学习评价应把握以下特征：

一是多元。评价主体不限于教师，还应吸纳学生自评、生生互评，全面诊断学生在不同维度的发展状况。评价内容不拘泥于知识点的机械记忆，而应关注学生对学科本质的理解，对学科能力的发展，对学科价值的认同。评价方式不局限于笔试，应采取测验、观察、访谈、档案袋等多种形式，客观呈现学生的多样性表现。

二是开放。评价标准不应一成不变，而应因材施教，允许不同学生有不同的发展目标和进程。评价语言不应简单化的"对""错"，而应给予引导性、鼓励性的具体反馈，促进学生扬长避短。评价结果不应一锤定音，而应开放、动态，引导学生在原有基础上不断进步。

三是激励。评价要为学生的进步点赞，增强学生的荣誉感和成就感。教师要发现每个学生的闪光点，哪怕是一个小小的进步，也要给予肯定和鼓励。同时，评价要引导学生正视自己的不足，端正态度，制定改进计划，体验"追求卓越"的快乐。

四是反思。评价不是目的，而是促进学生反思、教师改进教学的重要途径。学生通过评价及时发现学习中的困惑和问题，调整学习策略。教师则可根据评价及时诊断教学得失，改进教学方式。这种师生共同反思、携手改进的良性循环，是推动深度学习持续发展的内在动力。

（二）历史学习评价的策略

发挥评价"指挥棒"作用，需要教师在评价理念、评价方式上积极创新。以下从几个方面谈谈个人的思考。

第一，创设开放的评价情境。要改变一考定终身的做法，为学生提供展示特长和潜能的多元舞台。如在学习中国古代史时，可以举办知识竞赛、研究性学习成果展示、历史剧表演等，让学生在轻松愉悦的氛围中感受学习乐趣。教师还应结合学生兴趣特长，因材施教。对思辨能力强的学生，可设置开放性问题，引导其迁移论证；对动手能力强的学生，可布置手工作品，引导其动脑又动手。这些评价活动有利于学生智能开发，也利于教师更全面地发现学生的闪光点。

第二，丰富评价主体。教师是评价的组织者，但学生才是学习的主人。

要充分发挥学生在评价中的主体作用，一方面引导学生自我评价，反思自己的进步和不足；另一方面开展生生互评，让学生在相互欣赏、启发中获得更多元的反馈。在自评和互评的基础上，教师再给予引领性的综合评价，使学生获得更专业、更全面的发展建议。

第三，拓展评价维度。不能仅关注学生掌握了多少知识，更要关注学生在解决问题时运用了哪些学科思维方法，在分析问题时体现了什么价值立场。要开发历史学科素养评价量表，从唯物史观、时空观念、史料实证、历史解释、家国情怀等维度多角度评价学生的学科素养发展水平。同时，要关注学生在学习过程中表现出的独特性和创造性，鼓励学生个性化发展。

第四，优化评价方式。要改变笔试一考定终身的评价方式，采取学习档案袋、成长记录册等评价学生发展过程。学习档案袋主要收集学生各阶段的代表性学习成果，如读书笔记、研究性学习报告、小论文等，集中反映学生在知识、能力、情感等方面的成长历程。成长记录册则侧重记录学生课堂表现、课外实践等方面的点滴进步，可请家长、同学参与记录，帮助学生树立自信。定期召开学生、家长、教师共同参与的成长沙龙，一起回顾学生成长脚步，共商发展目标。

第五，重视评价反思。评价的意义在于反思，在于改进。要引导学生养成自我评价的习惯，经常回顾反思自己的学习历程，总结经验教训，端正学习态度，明确奋斗目标。教师则要及时分析评价结果，发现学生共性、个性问题，有的放矢地调整教学策略，做到因材施教。只有师生共同反思，携手改进，才能不断推动学习水平的提升。

总之，学习评价要本着"以评促学、以评促教、评学结合、全面发展"的原则，突出评价的发展性功能，在润物无声中推动学生从"要我学"到"我要学"的转变，努力成长为德智体美劳全面发展的社会主义建设者和接班人。这是深度学习的评价追求，也是每一位教育工作者的不懈追求。

第五节　深度课堂中的历史教学实践研究

在信息技术飞速发展的新时代，教育教学面临新的机遇和挑战。面对日新月异的新知识、新技术，历史教师必须与时俱进，勇于创新，将前沿的教育理念与历史学科教学深度融合，不断优化课堂教学，提升育人实效。本节将重点探讨历史教师在课堂教学中开展实践研究的内容、方法和实施策略，以期为广大教师专业发展提供参考。

一、深度课堂教学的实践研究内容

（一）聚焦学科核心素养培育的教学设计研究

学科核心素养是深度学习的灵魂。围绕学科核心素养开展教学设计研究，对促进学生全面而有个性地发展具有重要意义。历史教师要紧扣历史学科核心素养，优化教学目标设置，创新教学模式，为学生发展高阶思维、解决复杂问题提供支架。

以培养历史解释素养为例。历史解释是基于史料，运用历史思维方法解释历史的过程。它要求学生具备多角度思考问题、合理表达见解的能力。教师应立足教材，发掘富有历史解释价值的话题，通过创设问题情境、开展探究活动等，提供学生开展历史解释的平台。在教学设计中，可尝试以下策略：

一是基于史料设置开放性问题，引导学生提炼、解读关键信息，感悟历史事件、历史人物的内在逻辑。如在学习《马关条约》时，教师呈现反映各方态度的史料，提出"《马关条约》是主动求和还是被迫求和"的问题，引导学生探究清政府、列强在签订条约中的思考和博弈。

二是通过学生辩论、交流，发展多视角认识问题的能力。如在探讨历史人物功过时，可设置正方、反方，引导学生查找资料，从不同立场评价历史人物，在交锋碰撞中加深对人物的全面认识。辩论结束后，教师再梳理各方观点，引导学生明辨是非，客观看待历史人物。

三是创设开放的问题解决情境，鼓励学生提出个性化解释。如在总结历史发展规律时，教师可设计"如果你来决策"的情境，让学生代入特定历史情境，运用所学知识提出应对措施，在解决问题的过程中深化对历史规律的领悟。

总之，基于学科核心素养的教学设计研究，教师要放大历史学科的人文底蕴和思维品质，为学生提供沉浸式、生成性的学习体验，引导学生在主动建构知识的过程中，内化历史学科的思维方式，增强分析问题、解决问题的综合素养。这是历史教学转型升级的重要路径。

（二）聚焦深度学习任务设计的课例研究

学习任务是深度学习的重要载体。教师要立足学科，精心设计既有利于知识理解，又有助于思维发展的学习任务，为学生创造深度学习的机会。同时，教师要及时总结反思，优化迭代任务设计，不断增强学习任务的针对性和实效性。

以开展历史阅读任务的课例研究为例。历史阅读能力是学生自主学习历史的基础。教师要高度重视历史阅读任务的设计，通过层层设问，引导学生在整体感知、提取信息、鉴别观点、质疑创新等方面获得进步。可参考以下步骤：

第一，整体感知。教师选取反映特定历史主题的阅读材料，设置开放性问题，引导学生通读全文，了解作者写作意图。如学习中国人民抗日战争时，教师选编多篇反映各阶层抗战事迹的史料，请学生梳理史料主旨，引发学生继续探究的兴趣。

第二，提取信息。在整体感知的基础上，教师进一步引导学生筛选、整合史料中的关键信息。可设计填写表格、绘制图示等任务，帮助学生区分主次、理清脉络。在抗战史料教学中，可引导学生绘制各阶层抗战事迹图谱，直观呈现全民族抗战的宏大场景。

第三，鉴别观点。引导学生透过现象看本质，辨析史料作者的价值立场、思想倾向。可设置观点辨析题，训练学生换位思考的能力。在抗战阅读教学中，可选取国民党高官、共产党将领的不同史料，引导学生分析比较不同政党在抗战中的态度、行动的异同及其原因。

第四，质疑创新。引导学生以批判性思维对待阅读资料，学会主动发现问题、提出质疑，在探索未知领域中发展创新意识。在抗战史料教学的基础上，可引导学生探讨"抗战胜利对近代中国发展有何影响"等拓展性问题，鼓励学生多角度思考，提出新见解。

教师在实施以上任务后，要及时收集学情反馈，评估教学效果，找出不足，持续优化阅读任务设计。可邀请其他教师听课、评课，从更专业的视角获得改进建议。长此以往，定能使阅读教学日臻完善，不断提升育人实效。

当然，历史学习任务的形式是多样的，不限于阅读。教师还应积极探索其他任务形式，如情境体验、小组合作、项目研究等，充分利用现代信息技术，创新任务呈现方式，最大限度地激发学生的学习兴趣和潜能。这正是教学改进的魅力所在。

（三）聚焦学习评价创新应用的行动研究

学习评价是深度课堂教学不可或缺的重要环节。开展学习评价创新应用的行动研究，对于破除应试教育弊端，树立科学的教育质量观，推动学生全面发展具有重要价值。教师要立足学情，因材施教，为不同学生提供个性化的评价和反馈，助力学生在原有基础上不断进步、持续升华。

以开展历史学科素养导向的评价研究为例。传统的历史学业评价往往侧重知识性、结果性考查，容易导向应试学习，忽视学生能力的发展。素养导向评价强调关注学生在运用学科思维认识问题、解决问题时的表现，引导学生在全面发展中呈现特长、张扬个性。教师在评价实践中，可参考以下策略：

一是拓展评价主体，吸纳学生自评、生生互评，帮助学生全面认识自己。教师可指导学生按照学习任务要求制定自评量表，定期对照反思。同时，精心设计小组互评环节，让学生在相互欣赏、积极建议中获得更丰富的成长资源。

二是丰富评价内容，关注学生知识、能力、情感的综合表现。在历史阅读活动后，不仅要考查学生对史料字面意思的理解，更要关注学生运用史料分析、概括历史主题的能力，以及在探究过程中表现出的责任心、合作意识等品质。

三是创新评价方式，改变一考定终身的弊端。针对不同学生、不同学习任务，灵活采取测验、论文、作品、展示等多元评价方式。开学初，引导每位学生建立成长档案袋，收集阶段性学习成果，呈现个性化成长轨迹。学期末，开展以档案袋为载体的师生面谈，共同回顾学生的进步历程，展望新的学习目标。

四是优化评价反馈，引导学生正视不足、发现潜能。对学生在学习中暴露出的问题，教师要耐心地给予针对性指导；对学生的闪光点，哪怕是一点点进步，也要真诚地给予赞赏鼓励。评价性语言要真实、具体，能让学生看到努力的方向。

教师在评价实践中，要培养反思意识，经常回顾评价过程，找出评价方案设计、组织实施中的不足，虚心听取学生、家长的意见建议，及时修正完善。同时，要注重评价经验的总结提炼，形成可资借鉴的评价案例，在更大范围内推广应用。唯有在不断反思、持续改进中，素养导向评价才能真正成为学生全面发展的"助推器"。

此外，评价研究还要关注学生的差异性特点。对学习暂时落后的学生，教师要充分挖掘他们的闪光点，多一些表扬鼓励，帮助他们重拾信心；对学优生，要设置具有挑战性的评价任务，发挥他们的示范引领作用，带动更多学生共同进步。这种精准评价需要教师投入大量的心血，但对学生的健康成长将产生深远的影响。

总之，开展学习评价创新应用的行动研究，教师要树立育人为本、因材施教的理念，创新评价模式，优化评价过程，最大限度地激发学生的潜能，引导学生在"比较别人，超越自己"中获得卓越发展。这无疑将推动历史教学评价从选拔性、甄别性走向培养性、发展性，为学生全面而有个性的发展插上腾飞的翅膀。

二、深度课堂教学的实践研究方法

(一) 教学反思：教师专业成长的源动力

教学反思是推动教师专业发展的内在动力。美国学者艾瑞克森指出，反思型教师才是探究型、成长型教师。教师要做学生成长的引路人，从教育者的角度出发，关注每个学生的成长，用心体察学生的喜怒哀乐，及时给予帮助和指导。这就需要教师养成经常反思的习惯，在反思中发现问题，寻求解决问题的良策。

历史教学实践中，教师要坚持课前、课中、课后全程反思，形成反思、改进、提升的良性循环。课前，教师要反思学情，例如通过调查问卷、谈心谈话等方式了解学生的知识基础、兴趣特长，进而优化教学设计。课中，教师要在教学互动中捕捉学生的反馈信息，临场反思并灵活调整教学策略。课后，教师要认真撰写教学反思日志，回顾课堂得失，总结经验教训，思考今后教学的改进策略。

以"如何提高历史阅读教学有效性"为例，教师在课后反思中发现：学生普遍反映阅读材料语言晦涩，审题把握不准。针对这一反思发现，教师决定从优选学习资源、创新呈现方式等方面入手改进：一是选取难度适中、与学生生活经验相关的阅读材料，降低阅读门槛；二是利用多媒体手段直观呈现阅读材料的时空背景，加深学生对阅读内容的理解；三是将阅读任务具体化，如以填写表格、绘制思维导图等形式呈现，引导学生准确把握阅读要求。新一轮教学实践证明，这些源于反思的创新举措，有效激发了学生参与阅读的兴趣，促进了阅读能力的提升。

当然，教学反思不能流于形式，关键要形成问题导向、聚焦课堂、注重改进的反思品质。要以解决实际问题为导向，紧扣备课、授课、作业、考试等教学活动反思，力求在优化课堂教学中凸显反思价值。同时，要与同事开展交流研讨，互相借鉴反思的敏锐视角和创新思路。日积月累，教学反思必将转化为推动教学改进的源动力，助力教师在探究、创新中实现专业自我的超越。

（二）叙事探究：提升实践智慧的有效途径

叙事探究是教师基于工作实际讲述自己的教育教学故事，并在讲述中反思教学行为、提炼教育智慧的研究方式。它强调教师以个人视角诠释教学事件的意义，关注教与学相互作用的情境脉络，为教师专业发展开辟了新路径。

历史教学实践中，教师要用敏锐的眼光发现、记录课堂教学中发生的典型事件，通过口述、文字、影像等形式讲述自己的教学故事，并邀请同行参与对话，交流各自的理解和感悟。以下是笔者参与指导青年教师如何上好一堂历史阅读课的一段叙事材料：

"这天，李老师在上《鸦片战争》一课时，学生阅读了林则徐致英国女王照会的原文。提炼史料要点后，李老师抛出了一个开放性问题：'作为中国人，你从这封照会中感受到了什么？'大部分学生从爱国主义角度发言，对林则徐的正义之举表示敬佩。但也有学生提出：'林则徐在照会中对英国女王的称呼是否有失体统，会不会刺激英国，加剧双方矛盾呢？'这一发问引起了学生的争论。

"课后，李老师反思道：'学生的不同观点折射出他们对史料的深入思考，这提醒我要给学生更多表达见解的机会。同时，学生对一些敏感细节提出疑问，我在引导时还需注意方式方法，避免简单地做对错判断，而要鼓励学生像历史学家一样去探究分析问题。总之这堂课让我感受到，只有真正尊重学生的认知需要，才能让历史课堂焕发生机。'

李老师的反思让我印象深刻。他敏锐地捕捉了学生的多元思考，从中发现问题，提炼出尊重学生认知的教学智慧。我建议他进一步探究如何设计开放性问题，在学生争论中把握好讨论方向，引导学生用历史的眼光分析问题。事后，李老师采纳建议，课堂教学变得更加灵活，学生的历史思维能力也有了明显提升。"

以上叙事表明：教师唯有立足教学现场，用心倾听学生的声音，才能更准确地把握教与学的实际状态。而在讲述、倾听、对话、反思的过程中，教学情境被赋予了新的意义，一种关注学生、尊重差异、因材施教的实践智慧在交流碰撞中得以彰显、升华。可以说，叙事探究为一线教师专业成长开辟了独特视角，它关注教师内在教学体验，注重挖掘教师隐性实践智慧，为教师专业发展提供了可资借鉴的成功范例和路径指引。

(三) 行动研究：教师专业实践反思的必由之路

行动研究是教师基于发现问题、解决问题，开展的一种螺旋上升式的研究。它遵循"计划—行动—观察—反思"的程序，通过循环往复的实践与反思，使教育理念、教学行为、学生表现不断获得改进和提升。

在历史课堂教学中，教师面临的突出问题之一就是如何培养学生的批判性思维。传统"满堂灌"的教学模式，忽视学生的主体体验，难以激发其独立思考和质疑探究的意识。为解决这一问题，笔者开展了一项行动研究，主要经历了以下环节：

首先，制定研究计划。基于前期学情调查，立足学校实际，确定培养学生历史批判性思维的行动研究主题。通过文献分析，明晰批判性思维的内涵要素，制定可操作的培养目标，即"提高学生运用史料的能力，学会换位思考问题，敢于表达独特观点"。

其次，开展教学行动。从师生共同备课入手，围绕学生感兴趣的话题精选学习资源，拟定有利于开展批判性思维的学习任务。在教学过程中，营造平等、宽松的氛围，创设开放性问题情境，鼓励学生畅所欲言。在学生观点交锋时，及时梳理争议焦点，引导学生建构论证逻辑。

再次，观察反思效果。在教学过程中，密切关注学生表现，及时记录、采集各种现场资料，如学生发言、作业、座谈等，综合评估批判性思维培养的效果。例如，通过跟踪调查，发现学生学会了从可信史料中筛选论据、提炼观点，能尝试从不同角度分析历史人物和事件，勇于提出与权威观点不同的见解。这些发现，无疑印证了前期教学行动的有效性。

最后，总结提炼经验。回顾教学行动的得与失，归纳可资借鉴的经验做法。例如，在培养批判性思维过程中，笔者深刻意识到：一是要用学生喜闻乐见的方式呈现学习任务，激发参与的兴趣；二是要以发散性思维拓展学生的思路，以课堂讨论、小组合作等互动方式加强对话交流；三是要树立开放、民主的师生关系，鼓励学生大胆质疑。通过梳理反思，教师对培养批判性思维有了更全面、透彻的认识。

行动研究实施一段时间后，笔者组织了校内外研讨交流，分享了培养批判性思维的研究历程和成果。与会专家、同仁们畅所欲言，从不同视角对研究给予了真知灼见。在此基础上，笔者进一步修正、深化了培养策略，形成了一套行之有效的教学范式。新一轮教学实践显示，学生的批判性思维水平较之前有了大幅提升。

这一行动研究表明：唯有立足一线教学，聚焦学生发展中的突出问题，开展螺旋式探究，才能找到真正符合学生成长需要的最佳路径。在研究过程中，教师逐步从经验型向研究型、专家型转变，教育教学能力、反思研究能力都得到了长足发展。可以说，行动研究是深度反思教育教学，实现从经验向智慧升华的必由之路，教师只有扎根课堂沃土，在实践与理论的良性互动中不断反思超越，才能真正成就卓越的教师专业发展。

总之，教学反思、叙事探究、行动研究构成了教师开展深度课堂教学研究的基本范式。三种研究方法相互关联、递进深化，共同指向教师实践智慧的生成。在此过程中，教师时时反思，从讲述故事中提炼理念，用循环探究来检验理念，理念经反复实践被修正完善，进而指引新一轮的教学探索。由此，教师的天职意识、学科素养、教学技艺等各方面才能获得整体提升，一种基于反思实践又高于实践的教育智慧方得以彰显。这无疑是教师专业发展的至高境界。

三、深度课堂教学的实践研究策略

（一）校本教研：搭建教师研修共同体

教师的专业成长，离不开同伴间的互助、交流与合作。校本教研为教师搭建了学习共同体平台，为教师实践智慧的生成奠定了组织基础。

笔者所在学校历来高度重视校本教研。学校成立了以教研组长为核心的校本教研领导小组，制定详尽的教研计划，强化制度保障。在此基础上，学校从教学设计、课例研究、行动研究等方面入手，创新形式，丰富内涵，推动教研向纵深发展。

一是开展集体备课，在磨课中凝练共识。历史教研组每两周开展一次集体备课。教师自主选择感兴趣的话题设计教学，提交教研组集中研讨。大家各抒己见、集思广益，在"方案陈述—质疑评议—修改完善"中凝练教学共识。如在备某校本教材《家乡的历史文化》一课时，青年教师小王提出"用穿越游戏导入"的设想，却被一位老教师质疑"是否符合历史教学的严肃性"。大家展开讨论，一致认为寓教于乐很有必要，但游戏活动要突出知识性，还需再斟酌。小王虚心接受，将"穿越"活动与情境探究任务紧密结合，获得了同仁们的一致认可。集体研讨使得教学设计更加严谨科学，教师的教研意识、合作意识也得到增强。

二是开展"同课异构"，在多元比较中优化教学。教研组采取"同备、同上、同评"的教研方式，由不同教师执教同一教材内容，课后开展评课研讨。执教者畅谈设计思路，听课教师就教学流程、课堂互动、教学亮点等进行点评，提出改进建议。在听评课交流中，大家充分感悟到，教学没有固定模式，关键要把握学情、激发兴趣、突出重难点。执教同一课题，往往会有不同切入点和呈现方式。如在讲授《甲午中日战争》一课时，有的教师侧重史料剖析，训练学生系统思维；有的则借助影视片段渲染战争场景，引发情感共鸣。课后，大家取长补短、择善而从，进一步优化完善教学设计。"同课异构"的校本教研，让不同风格、不同理念的教学得以比照，教师在研讨碰撞中触类旁通，教学视野更加开阔。

三是开展行动研究，在螺旋探究中提炼智慧。教研组形成"教学—反思—再教学—再反思"的良性循环，引领教师在行动研究中反思超越。如针对学生批判性思维培养的问题，笔者和教研组成员共同设计教学方案，尝试在教学中突出学生的主体体验，通过开放性问题引导学生质疑、论证、表达。在实施过程中，大家及时记录、采集课堂信息数据，并组织专题研讨，交流各自的教学反思和学生反馈。研讨中，大家一致认为要给学生更多独立思考的时间和空间，同时教师要学会启发引导，鼓励学生提出与众不同的见解。在此基础上，大家调整教学策略，改进培养方式，新一轮教学效果明显提升。通过行动研究，教师反思意识、研究能力得到锻炼，在探索创新中收获了宝贵的实践智慧。

总之，校本教研为教师专业成长营造了支持性环境。在集体备磨课中凝聚教学共识，在异构比教中拓展教学思路，在协作研究中升华教育智慧。由此，教师专业实践能力、教研反思能力和教育智慧水平都得到显著提升，教师真正成为学校教学改革、素质教育的主力军。

（二）专业引领：夯实教师自主发展基础

教师要实现可持续发展，仅靠个人智慧还远远不够，更需要专业力量的引领和滋养。学校和教育行政部门要发挥各自优势，通过教学竞赛、教研教改、培训进修等多种形式，为教师搭建专业发展平台。

一是开展教学竞赛，激励教师比学赶超。历史学科每学期举办"青年教师教学基本功大赛"，促进教师在实战磨砺中提升教学素养。大赛注重融合教学设计、课堂展示、评课研讨等环节，全方位考查教师驾驭课堂的能力。评委们严把参赛课例质量关，引导教师树立先进教学理念、拓展教学思路。如在当前倡导"学生为主体"的时代，评委们会重点关注参赛教师对学生兴趣的激发、学生参与的组织等，以此检视其专业发展水平。竞赛过程也是教师展示和学习的过程。青年教师纷纷表示，在精心准备、反复打磨的过程中，自己的教学基本功扎实了，课堂驾驭力增强了。优秀教师脱颖而出，成为同行学习的标杆和榜样。

二是开展教研教改，推动理论与实践互动。学校历来重视教师的科研能力培养，每年都会组织申报教研教改课题。在全校教师的共同努力下，一批高质量的课题成果不断涌现。以历史学科为例，课题"培养学生历史批判性思维的行动研究"系统总结了培养学生历史思维的策略，推出了一系列优秀案例。笔者主持的课题"历史教学中学科核心素养的落实研究"突出学科特点，精选素养导向的教学内容，创新教学模式，有力推动了学生的全面发展。这些成果得到了校内外专家的广泛认可。可以说，教研教改为一线教师的智慧生长插上了科研的翅膀。教师在参与课题研究的过程中，理论视野不断拓宽，反思能力、研究能力不断增强，教育教学水平实现了整体跃升。

三是开展专业培训，引领教师终身学习。教师培训是促进教师专业发展的重要举措。学校和教育行政部门要精心规划培训项目，丰富培训内容和形式。如组织教师外出学习考察，聘请专家开设讲座，利用网络平台开展远程研修等。笔者所在区教研室连续多年开展"送教下乡"活动，选派优秀教师和教研员深入农村学校，通过示范课教学、专题讲座等形式，帮助农村教师掌握先进教学理念，改进教学方法。区教育局还与高校合作，举办中青年教师培训班，为教师提供深造机会。一次次高质量的培训，让教师眼界大开，在教育理论滋润下茁壮成长。培训中，大家还结下了深厚的同志情谊，许多教师成为挚友。正是在学习共同体的引领和感召下，教师个人成长与学校发展同频共振，教育事业迈上新台阶。

总之，专业引领为教师发展指明了方向，教研教改、教学竞赛、专业培训等多种活动共同构筑起教师专业发展的"助推器"。在此过程中，学校和教育主管部门要充分发挥政策支持、资源配置和专业引领作用，为教师创造宽松、民主的成长氛围，让教师的智慧之花绽放异彩。

（三）反思笔记：推进自我专业发展

"教学有法，教无定法。贵在得法，法无定法。"教师要成为教学的智者，关键在于勇于、善于反思。而写教学反思笔记，则是教师系统开展专业反思的有效途径。

教学反思笔记能帮助教师有意识、有目的、有计划地审视自己的教学。平时，教师可随时记录一些教学中的感悟和思考。如在课前，记录教学设计的思路、活动安排的考量；在课中，捕捉课堂生成的闪光点、存在的问题；在课后，反思取得的进步、有待提升之处。日积月累，教学反思笔记就成了教师专业成长的真实写照。它不仅是教学的忠实记录者，更是教师智慧萌发的沃土。

笔者坚持写教学反思笔记已逾十年。这些真实的反思素材，正是自己探索教学规律、教学艺术的珍贵财富。曾记得自己刚走上讲台时，在教学《鸦片战争》一课时设计了大量史料阅读任务，希望学生全面了解历史原貌。课后，看到学生纷纷皱眉，才意识到：大段的史料阅读非但没能激发学生兴趣，反而成了他们吸收知识的障碍。由此我反思：历史教学要从学情出发，选取学生感兴趣、有针对性的史料，设置开放性问题，引导学生自主探究，这样才能收到事半功倍的效果。这一反思让我在后来的教学中尤为注重学生的认知需求，课堂教学逐步走向对话交流、生成发展的轨道。

我的反思笔记里，还记录了不少令人难忘的教学瞬间。记得有一次，在学习《甲午中日战争》时，看到学生为北洋海军将士的悲壮而动容，一位学生幽幽地说："老师，我觉得我们不能忘记历史。"顿时，全班肃然，一种民族自强的情怀在课堂升腾。事后，我在教学反思中写道："历史教学绝不仅仅停留在知识层面，更要走进学生心灵，唤起他们的家国情怀。"一节好的历史课，应该让学生明白我们民族的昨天，吸取历史的教训，立志成为有理想、有本领、有担当的时代新人。这次教学感悟，让我在日后的教学中更加注重将知识传授与情感、态度、价值观的引导结合起来，在潜移默化中培养学生的爱国情操和社会责任感。

写了这么多年教学反思笔记，回头再看，自己仿佛又经历了一次成长之旅。一个个鲜活的课堂片段，记录了自己教学理念、情感态度的变迁；一次次深入的反思，推动着自己不断反思超越、迈向卓越。由此，我对教学的驾驭越来越从容，越来越能善察善思、举一反三。许多青年教师也向我取经，我总是笑着告诉他们："写教学反思笔记吧，它会引你走向成长的康庄大道。"

当然，反思不等于自言自语，仅凭一己之力往往视野有限。我经常与同事们一起交流教学反思，互相启发借鉴。学校也开展教学反思评比展示活动，我撰写的多篇反思笔记得到了同行的好评。在交流互鉴中，教学反思变得更加深入透彻，教师的反思意识和反思品质也得到熔炼和提升。

总之，写教学反思笔记是教师专业发展的修炼之法。在书写中反思，在反思中提升，我们终将超越自我，在智慧的空间里自由翱翔。

大概念教学是推进历史课堂变革，实现学生深度学习的重要路径。面对新课改的时代命题，广大历史教师要立足学科核心素养，创新教学理念，优化教学方式方法，推动历史教学从"教师为中心"向"学生为中心"、从"传授知识"向"引导探究"的转变。

本章从历史教学的理论与实践出发，对学科核心素养下的教学设计、课堂实施、评价研究等进行了系统梳理，重点呈现了一线教师在大概念教学中的智慧结晶。这些鲜活生动的教学个案表明：唯有紧扣学科大概念，精心设计学习任务，创设探究情境，才能为学生提供沉浸式、生成性的学习体验，最大限度地调动他们学习的主动性和创造性。同时，这些成功的教学也给予我们诸多启示：作为一名历史教师，要不断反思、勇于创新，在与学生互动中生成智慧、升华境界，努力成长为学生发展的引路人。

百年大计，教育为本。培养什么人，是教育的首要问题。历史教育作为培养时代新人的重要途径，肩负着特殊的育人使命。新的历史教科书修订已全面启动，高考历史科目改革如火如荼地开展，新一轮高中历史新课程改革正当其时。站在历史教学改革的新起点，让我们携手同行、开拓进取，在推动教育现代化的康庄大道上阔步前行，用教育的"静悄悄的奇迹"谱写中华民族伟大复兴的恢宏乐章！

第五章　大概念教学下的深度课堂
与其他教学方法的融合

历史学科作为人文学科的重要组成部分，在培养学生人文素养、思辨能力、家国情怀等方面有着不可替代的作用。然而，长期以来，我国高中历史教学存在着内容枯燥、方法单一、学生兴趣不高等问题。如何突破传统教学的局限，激发学生学习历史的热情，培养学生探究和思考历史的能力，是摆在每一位高中历史教师面前的重要课题。

大概念教学作为一种新兴的教学理念和方法，为解决上述问题提供了新的思路。大概念是对学科核心知识的高度概括和提炼，代表了学科的本质内涵。围绕大概念组织教学，可以帮助学生快速把握学科脉络，建构系统完整的知识体系。同时，大概念教学强调学生的主动参与和探究，注重培养学生分析问题、解决问题的能力，对于提高课堂教学质量大有裨益。

不过，大概念教学并非万能灵药。在实践中，大概念教学也面临着如何落地、如何与传统教学方法融合等问题。为了更好地发挥大概念教学的优势，笔者认为可以将其与其他先进教学方法相结合，形成优势互补、多管齐下的教学模式。问题导向学习注重以真实问题为线索引导学习，与大概念教学的主动探究理念不谋而合。情境教学强调营造贴近学生生活、富有吸引力的教学情境，为大概念教学的开展提供了生动形象的载体。项目式学习要求学生在教师指导下完成专题研究项目，是对大概念教学的进一步深化和应用。

第一节　大概念教学与问题导向学习的结合

问题是开启学生探究兴趣的钥匙，也是引领学生进行高阶思维的重要途径。问题导向学习（Problem-based Learning，简称PBL）作为一种以学生为中心、以真实问题为驱动的教学模式，强调学生在教师的指导下，围绕问题开展自主探究和协作学习，在解决问题的过程中掌握知识、提升能力。这一理念与大概念教学推崇的学生主动建构、强调概念内在联系不谋而合。本节拟在阐明两种教学理念内涵与特点的基础上，探讨如何将二者有机结合，在大概念引领下设计与开展问题导向学习，从而最大限度地发挥二者在历史教学中的优势，促进学生核心素养的培育。

一、什么是大概念教学

大概念教学（Teaching for Conceptual Understanding）是 20 世纪 90 年代以来国际教育界的一个热点话题。其基本理念是，学科知识结构可以提炼为若干关键性的核心概念，这些概念蕴含学科独特的思维方式和探究方法，对学生理解学科的特定领域和解决相关问题具有重要意义。大概念教学就是聚焦这些核心概念，探讨概念的内涵与外延，揭示概念间的内在联系，引导学生在不同情境中迁移运用，进而达成深层次理解的教学。

具体来说，大概念教学的主要特征可概括为"三突出"：一是突出概念性。大概念教学强调从大量琐碎的知识点中提炼出反映学科本质、影响学科发展的核心概念，而不做"输送知识"和"应试训练"的搬运工。二是突出关联性。大概念教学注重揭示各概念之间的横向联系和纵向递进关系，帮助学生在已有经验的基础上，将新知识融入已形成的认知结构，构建系统完整的知识网络。三是突出迁移性。大概念因其广泛适用性和丰富内涵，能为学生提供分析问题的框架，方便学生在面对新情境时触类旁通、融会贯通。大概念教学注重引导学生在不同情境中灵活运用概念，实现学习的深度迁移。

在历史学科教学中实施大概念教学，需要教师首先明确本学科的核心概念。国内外学者对此已有诸多研究。如美国学者魏因斯坦提出历史九大概念，包括时间与空间、变化与连续、因果关系、文化差异、个体与群体、重要性等。我国台湾学者张茂桂从认知心理角度总结了时间观念、变迁观念、因果关系等十个历史概念。大陆学者方明也提出历史学科核心概念九个，包括时空观念、变化发展、历史解释、家国情怀等。可以说，尽管不同学者的概念表述各有侧重，但都凸显了历史学科的时空特性、发展规律、价值意蕴，这些也正是教学中应重点建构的。

在此基础上，历史学科大概念教学应从学生的学习经验和认知水平出发，将学科核心概念转化为学生可理解、可掌握的知识结构。这就需要教师在教学设计中注重梳理单元主题所涉及的核心概念，厘清概念间的逻辑关系，设计符合认知规律的概念学习序列，引导学生一步步地建构概念体系。同时，要创设丰富的问题情境，引导学生在具体情境中深入理解概念内涵，运用概念分析问题，在解决问题的过程中实现概念迁移，达成较高层次的学习。这也正是大概念教学需要与问题导向学习相结合的重要原因。

二、问题导向学习的内涵与特点

问题导向学习（Problem-based Learning，简称 PBL）起源于 20 世纪 60 年代末北美医学教育领域，之后逐渐被引入其他学科和教育阶段，成为当今国际教育界的一种重要教学策略和方法。PBL 的基本理念是，学习应以学生为中心，真实问题是学习的起点，教师主要起组织者、提供者、引导者的作用。学生要在教师指导下，通过自主探究和小组协作的方式来分析和解决问题，在此过程中实现知识和技能的习得，以及分析问题、解决问题等高级能力的发展。

PBL 与传统"讲授式"教学有本质区别，其主要特点可概括为：

以学生为中心。PBL 强调学生的主体地位和主动性，教学活动须围绕学生已有经验和实际需求来开展。教师不是知识权威，而是学习的组织者和促进者，主要任务是创设探究情境、提供学习资源、引导学习方向。

以真实问题为驱动。PBL 所设计的问题要源于学生生活，与其经验相联系，且具有一定的开放性和复杂性，需要学生通过主动探究才能找到解决办法。这些问题往往是学生学习新知的催化剂，激发其探究欲望和动力。

强调自主探究。PBL 鼓励学生围绕问题开展自主式探究活动，如查阅资料、咨询专家、设计实验、撰写报告等。教师要帮助学生掌握探究的方法和策略，发展自学能力。

突出协作互助。PBL 倡导学生的协作学习，要求学生组成 3—5 人的小组，围绕共同的问题开展讨论交流、分工合作。小组成员要取长补短、优势互补，在互帮互学中共同提高。

重视过程评价。PBL 突破了单一的结果评价模式，提倡过程性评价。

评价不仅要看重学习成果，更要关注学生在探究过程中的表现，如积极性、创新性、协作性等，以全面评估其知识、能力与情感态度的变化。

PBL 体现了学生中心、问题驱动、主动探究的学习理念，对于提高学生学习兴趣、优化知识结构、发展探究能力、培养合作精神等具有积极作用。将 PBL 引入高中历史教学，让学生带着问题去学习历史，通过亲身实践去探究历史，无疑对于改变学生"被动接受"的学习方式，提高历史课堂教学效率，培养学生历史学科核心素养具有重要价值。

三、大概念教学与问题导向学习的契合点

大概念教学与问题导向学习看似是两种不同的教学策略，但二者在很多方面有着内在的一致性。概括起来，主要体现在以下几个方面：

首先，两者在学习理念上高度契合。大概念教学突破了知识本位的传统教学观，强调学生要通过主动探究来理解核心概念、把握概念间联系，建构系统完整的知识体系。这一理念与 PBL 倡导的学生中心、自主探究不谋而合。可以说，大概念教学从宏观上规定了"学什么"，而 PBL 则从微观上回答了"怎么学"的问题，为大概念教学的落地实施提供了可资借鉴的思路和方法。

其次，两者在教学目标上殊途同归。大概念教学的目标是帮助学生理解学科核心概念，把握概念间的内在联系，培养学生分析问题、解决问题的能力，发展学科核心素养。这与 PBL 致力于促进学生知识建构、能力发展、素质提升的教学目标如出一辙。通过将两种教学策略整合起来，可以形成目标同向、优势互补的教学合力，最大限度地提升学生的学科学习效率。

再次，两者在问题设计上相得益彰。大概念教学需要教师挖掘学科核心概念蕴含的问题，通过对这些问题的探究，引导学生深入理解概念内涵、把握概念外延。而 PBL 所倡导的真实性、开放性问题恰好可为大概念教学中的问题设计提供参照。反过来，大概念教学中概念内涵的挖掘，也能为 PBL 问题情境的创设提供学科依据，使问题更加聚焦、思路更加清晰。由此可见，将 PBL 引入大概念教学，对于深化问题设计、创设有效问题情境大有裨益。

最后，两者在过程实施上相辅相成。大概念教学要求学生在探究核心

概念的过程中，能主动建构知识、深入理解概念、灵活迁移运用。这对学生的自主学习能力和探究能力提出了更高要求。而 PBL 所强调的以问题为驱动的探究式学习，正好为学生概念学习提供了必要的能力支撑。同时，将 PBL 的探究过程整合到概念教学中，能使学生的探究活动更加聚焦、思路更加清晰，从而提高探究效率，促进概念建构。

综上所述，将大概念教学与 PBL 加以整合，对于突破传统教学中知识割裂、主题散乱的困境，激发学生探究兴趣，优化知识结构，提升分析问题、解决问题的能力，培养学科核心素养具有重要意义。在历史学科教学中，教师应努力在二者之间寻找契合点和结合点，优势互补，形成合力，促进学生全面发展。

四、大概念引领下的问题导向学习设计与实施

在明确了大概念教学与 PBL 的内在联系后，关键问题是如何在教学实践中将二者有效整合，充分发挥协同效应。就历史学科而言，大概念引领下的 PBL 设计与实施可遵循以下基本路径：

1.明确单元核心概念。教学设计的首要任务是厘清单元涉及的核心概念。历史学科虽然知识庞杂，但万变不离其宗，背后往往隐藏着一些核心概念，这些概念揭示了历史发展的基本规律和特点。比如"历史发展"单元，其核心概念可概括为"历史演进具有客观规律性、主体能动性、时代特殊性"等，这些概念贯穿历史发展始终。厘清核心概念，需要教师在熟悉教材的基础上，从纷繁复杂的知识细节中提炼主题，把握学科本质，方能为后续 PBL 奠定基础。

2.围绕核心概念设计问题。核心概念往往蕴含着丰富的问题。教师要紧扣概念内涵，设计开放性、真实性、层次性的系列问题，引导学生逐层探究。以"历史发展"为例，教师可以围绕"历史为什么会发展""历史发展的动力是什么""不同时代的历史有何特点"等问题展开设计。这些问题需契合学生已有经验，富于时代感和挑战性，才能激发探究兴趣。同时，要把握问题间的逻辑关系，由表及里，层层深入，使探究过程环环相扣，避免问题散乱、思路混乱。

3.创设探究性学习情境。PBL 强调学习应发生在真实情境中。为此，

教师要精心创设问题情境，让学生在具体情境中分析问题、解决问题，在此过程中理解概念、掌握知识。创设情境可借助多媒体、模拟体验等方式，力求形象生动、贴近生活。如在探究战争与和平问题时，可选取历史上几次著名战争作为案例，引导学生分析战争发生的历史背景、影响后果等，在比较分析中感悟和平的可贵。情境创设要体现学科特点，紧扣概念内涵，为学生提供亲历探究、建构意义的机会。

4.开展协作式探究活动。PBL倡导学生合作学习。教师要合理设计探究活动，引导学生开展小组讨论、分工合作。可先由学生独立思考，初步形成对问题的认识；再组织小组讨论，交流观点、取长补短；之后开展系列探究，如查找资料、走访调研、专题研讨等，深化对问题的理解；最后召开全班交流会，小组分享探究成果，教师点拨引领，帮助学生理清思路、建构概念。整个过程中，教师既要为学生提供探究资源、方法指导，又要时时关注探究进度，适时调控引导，确保探究活动不跑偏、不走样。

5.进行多元开放性评价。与传统测验不同，PBL应采取多元评价方式，注重评价探究过程。评价主体可包括教师、学生、同伴等，评价内容应覆盖知识、能力、情感态度等方面。如在小组合作探究中，可由组内成员互评小组讨论情况、分工合作的有效性等；在成果交流展示环节，可由教师、同学共同评价探究报告的深度、创新性、表现力等。此外，还可通过学生自评、成长记录袋等方式，引导学生总结探究过程中的心得体会、进步与不足，促其自我反思和持续改进。

下面以"第一次世界大战"教学为例，说明如何进行大概念引领下的PBL教学设计。

首先厘清教学内容涉及的核心概念，如战争与和平、民族矛盾、帝国主义列强等。这些概念反映了一战的时代背景和本质特征。以此为基础，设计一系列问题：一战为什么会爆发？不同国家为何卷入战争？战争给人类社会带来了什么影响？我们应该如何看待战争与和平？这些问题具有典型性和时代性，能引起学生兴趣。接下来创设探究情境，如选取一战中的几个著名战役，让学生分析其起因、经过、影响，感受战争的残酷；或让学生扮演交战国官兵，体验士兵的心路历程，反思战争与和平。然后组织学生开展探究，可分小组查阅一战资料，分析各交战国的利益诉求；采访军事专家，了解当时武器装备、作战方式；走访历史学者，探讨一战对国际格局的影响；撰写小论文，反思和平对人类的意义。探究过程中教师提供资源支持，引导探究方向。最后进行多元评价，考查学生对一战的理解程度、分析问题的深度广度、与他人合作的有效性、和平意识的变化等，引导学生自我反思、持续进步。

综上，在大概念教学中整合 PBL 策略，关键是围绕学科核心概念进行系统设计和实施。教师要在深入把握学科本质的基础上，创设问题情境，引领学生开展探究，在解决问题的过程中内化知识、发展能力、提升素养。这就要求教师审时度势，因材施教，灵活处理大概念教学与 PBL 的关系，形成"概念引领、问题驱动、探究导向"的教学新范式，最终达成"培养核心素养、提升综合能力、发展学科思维"的教学目标。这无疑对教师的专业素养提出了更高要求，需要在教育理念、学科专长、教学艺术等方面不断加强修炼，方能胜任新的教学使命。

第二节 大概念教学与情境教学的融合

情境教学与大概念教学有许多共通之处，比如都强调学生的主动参与，突出学习的生成性和意义性，注重培养学生分析和解决问题的能力。将二者加以整合，对于深化历史课堂教学改革，提高教学质量，培养学生核心素养具有重要意义。本节尝试在梳理情境教学内涵的基础上，分析大概念教学对情境创设提出的新要求，进而探讨在大概念引领下如何进行历史情境教学设计，并以古代中国文明起源、中西方早期接触等具体案例加以说明。

一、情境教学的理论基础

情境教学是 20 世纪 80 年代后期兴起的一种教学模式，其理论基础主要有认知主义、建构主义和人本主义三大流派。

认知主义学习理论强调学习者在学习过程中的认知加工和心理建构作用，主张学习应以意义为本位，注重理解性学习。在认知主义看来，教学必须重视学习情境的创设，因为有意义的学习往往发生在具体情境中。只有将知识置于与之相关的真实情境中，才能帮助学生实现对知识意义的主动建构。由此，教学就不应是简单的知识传授，而应创设有利于学生理解和运用知识的情境，引导学生在情境中探究和实践，达成对知识的深层理解。

建构主义学习理论则认为，学习本质上是学习者根据自己的经验，对外部信息进行主动选择、加工和解释的过程。学习必须以学生原有的知识经验为基础，在此基础上引导学生构建新的认知结构。为此，教学要努力创设开放、协作、支持的学习情境，使学生能与他人交流对话，在协作中相互启发，最终实现新旧知识的整合与重组。同时，要注重教学内容与学生生活经验的联系，引导学生将抽象知识与具体情境相结合，在运用知识解决实际问题的过程中实现对知识意义的建构。

人本主义学习理论关注学习对学生个性发展的影响，强调"以人为本"，充分发挥学生的主体性，激发学生内在的学习动机。该理论认为，最佳的学习情境应该能为学生提供探索、选择的自由，满足学生的好奇心和求知欲，使其形成积极的学习态度。因此，教学情境的创设应遵循学生身心发展特点，关注学生的情感体验，在尊重个体差异的基础上，为学生创造自主探究、体验成功的机会。同时，教师要善于营造宽松、民主、平等的师生关系，通过真诚的人格交往激发学生的内在潜能，促进其自我实现。

总的来说，认知主义、建构主义和人本主义这三大理论从不同角度阐述了情境教学的内在机理，为开展情境教学提供了重要启示：一是教学要创设开放、真实、富有挑战的学习情境；二是要注重情境与学生原有经验的联系，引导学生主动建构知识；三是要关注学生的情感体验，激发学习动机，促进个性发展。这些理念对于改进历史教学，发展学生智力，培养学生核心素养具有重要指导意义。

二、大概念教学对情境创设的新要求

大概念教学强调以学科核心概念为中心组织教学，引导学生主动探究，深化对概念的理解。这就需要教师创设有利于概念学习的情境，使学生在具体情境中经历概念发生发展的过程，实现对概念内涵的深度把握。与传统的情境教学相比，大概念教学视角下的情境创设呈现出新的特点和要求。

首先，大概念教学背景下的情境设计应紧紧围绕学科核心概念。传统情境教学往往缺乏学科特色，所创设的情境大多比较笼统宽泛。而大概念教学要求情境设计必须体现学科内涵，突出学科思维特点，使学生在情境中经历学科探究的过程，内化学科核心概念。就历史学科而言，核心概念如时间观念、历史解释、家国情怀等往往蕴含着丰富的问题情境。教师应充分挖掘这些概念背后的时代背景、事件过程、人物行为，设计一系列嵌合概念内涵的典型情境，引导学生在具体历史情境中把握概念的来龙去脉，感悟概念的现实意义，进而提升历史思维能力。

其次，大概念引领下的情境设计应关注概念间的内在联系。历史知识绝非一些孤立、静止的概念堆砌，而是以核心概念为基点，由表及里、由点及面地展开的动态系统。因此情境创设不能就事论事，而要使学生感受到历史发展脉络，认识事件之间的前后因果关系。具体来说，教师要系统把握单元涉及的核心概念，挖掘概念之间的递进关系，围绕这些概念设计一系列环环相扣的历史情境，引导学生在探究情境的过程中理解概念内涵，把握概念联系，进而形成系统完整的知识体系。如在"资本主义时代的曙光"单元教学中，可分别设计"地理大发现""重商主义""英国资产阶级革命"等情境，引导学生探究资本主义萌芽与发展的历程，理解"商品经济""政治革命"等核心概念，进而认识资本主义从产生到确立的发展规律。

最后，大概念视角下的情境创设更加强调学生的认知主体性。大概念学习不同于一般知识学习，不能简单依靠记忆和模仿，而是要在具体情境中通过主动探究和实践来实现。因此，教师创设的情境应为学生提供探究的空间，鼓励学生提出问题、分析问题、解决问题。同时，要注重情境与学生生活经验的联系，选取学生熟悉的事例，设计开放性、挑战性的任务，激发学生运用所学知识分析现实问题的兴趣。在探究过程中，教师要给予适当引导，帮助学生理清思路、拓宽视野，同时关注学生的情感体验，营造民主、宽松、平等的师生关系，使学生敢于表达观点、勇于探索创新，在愉悦轻松的氛围中实现自我发展。

总之，大概念教学为情境创设提出了新的要求，即要突出学科特色，紧扣学科核心概念设计情境；要关注概念间的内在联系，创设环环相扣、重点突出的情境序列；要体现学生的认知主体性，为学生提供自主探究、体验成功的机会。这就需要教师在深入把握学科知识体系的基础上，立足学情，精心设计，力求使情境创设与大概念教学实现有机统一，最终达成培养学生核心素养的目标。

三、基于核心概念的历史情境设计

历史学科蕴含着丰富的核心概念，如时间观念、历史解释、家国情怀等。这些概念体现了历史学科的独特思维方式和价值追求，对于理解历史发展规律，认识人类社会发展具有重要意义。因此，历史课堂教学应以这些核心概念为基点，创设富有时代感和吸引力的历史情境，引导学生在具体情境中经历历史思维过程，把握历史发展脉络，感悟历史文化内涵。

基于历史学科核心概念进行情境设计，可遵循以下基本路径：

首先要把握好"点"的设计。"点"即历史学科核心概念所蕴含的关键问题情境。通过这些典型情境可以深入揭示概念的丰富内涵。比如，在"历史发展"这一核心概念教学中，可设计这样一个问题情境："公元前221年，秦始皇统一六国，建立起中央集权的秦朝。但仅仅15年后，秦朝就迅速崩溃了。秦朝的统一为何不能持久，背后有哪些深层次原因？"通过设疑、制造悬念，创设了探究秦朝短命原因的问题情境。学生要回答这一问题，就必须系统分析秦朝的政治、经济、文化状况，从而理解历史发展的多维性；必须将秦朝置于特定的时空场景中考察，认识不同社会形态更替的一般规律。由此可见，问题情境的设计要紧扣核心概念，切中要害，启发学生进行多角度、深层次的思考。

其次要处理好"线"的设计。"线"即将分散的历史情境连接起来，使之形成连贯的发展脉络。这就要求创设的情境要前后呼应，环环相扣，突出历史发展线索。如在探究"天下大同"概念时，教师可依次设计"孔子提出'大同'理想—魏晋时期佛教传入—隋唐儒释道三教鼎立—宋明理学兴起—太平天国运动爆发"等一系列情境。通过梳理中国古代社会不同时期的大同思想，学生能够认识到，作为儒家的核心理念，"大同"思想在魏晋时期受到佛教慈悲观念的影响，隋唐时期与道教思想交融，宋明时期进一步系统化，到太平天国运动则成为革命思想的重要来源。由此学生不仅能深入理解"大同"思想的内涵，更能把握其形成发展脉络，体会中华民族追求美好理想的精神传统。

最后要注意"面"的设计。"面"即将情境学习与现实生活相联系，引导学生将历史知识迁移运用到更广阔的社会语境中。比如在学习"工业革命"这一概念时，除了设计18—19世纪英国工业革命的基本情境，还可进一步拓展，设计一个当今中国产业转型升级的现实情境。引导学生思考：当前我国经济发展面临哪些困境？传统制造业如何实现转型升级？英国工业革命的经验教训对我国有何启示？通过纵向历史比较和横向现实观照，学生能够站在全局和发展的高度来审视历史与现实，做到历史知识与社会实践的良性互动，从而提升分析问题和解决问题的综合素养。

下面以"古代中国的科技与文化"单元为例，展示如何围绕核心概念进行历史情境教学设计。

该单元涉及"四大发明""丝绸之路""科举制""汉字文化圈"等丰富内容，其核心概念可概括为"古代中华文明的创造力、开放性和影响力"。为揭示这一概念的丰富内涵，教师可以分别从科技、经济、政治、文化等领域入手，依次设计以下历史情境：

情境一（科技）：古代中国人民创造了造纸术、火药、指南针、活字印刷四大发明。这在当时处于什么样的科技水平？有何重大影响？中国古代科技的发展有何特点？

情境二（经济）：汉代张骞通西域，开辟丝绸之路。这条路在当时发挥了怎样的作用？对中外经济文化交流有何重要意义？反映了古代中国对外交往的哪些特点？

情境三（政治）：隋炀帝开创科举取士制度，此后成为历代选拔官员的主要途径。科举制有何积极作用？对中国社会产生了哪些深远影响？这一制度为何能历经千年而不衰？

情境四（文化）：唐宋时期，汉字和儒家文化随着东亚各国的频繁交往而广泛传播，形成了以中国为中心的"汉字文化圈"。这一文化圈有何显著特点？对东亚文明发展产生了怎样的影响？

通过设计这一系列环环相扣、梯度递进的历史情境，学生能在"点"上深化对古代中华文明独特禀赋的认识，在"线"上把握古代中国与周边国家交往的发展脉络，在"面"上反思古代中华文明的历史地位和现实意义。同时，通过对历史情境的探究，学生的历史思维、创新意识、文化自信等核心素养也能得到培育和提升。

总之，基于核心概念的历史情境设计，要努力做到抓住典型问题，点面结合，线索清晰，与现实相关联。这对教师的学科素养、教学智慧提出了较高要求。教师要立足历史学科的特点，深入研读教材，挖掘蕴含其中的核心概念。同时关注学生认知特点，选取学生感兴趣的历史事件，巧设悬念，制造冲突，以富有吸引力和感染力的历史情境激发学生的探究欲望，引导他们积极投入学习，在主动建构历史知识的过程中理解人类社会发展，增强文化认同，树立历史使命感和社会责任感。

四、融入大概念教学的情境教学案例分析

下面以人教版高一历史必修二"古代中国经济的基本结构与特点"一课为例，展示如何在大概念教学背景下开展历史情境教学。

1. 教学分析

本课重在引导学生理解古代中国经济的农业性、封建经济的自给自足性和商品经济的发展等特点。其背后的核心概念是"中国古代经济结构及其演变"。教学应围绕这一核心概念，突出"农本"思想对中国古代经济发展的影响，阐明古代经济结构的特点，揭示商品经济对社会发展的重要作用。同时，还要引导学生将这些历史知识与当今中国经济发展联系起来思考，培养学生的现代经济意识和家国情怀。

2. 教学目标

知识目标：了解中国古代农业经济的重要地位，理解"重农抑商"政策的影响，认识商品经济发展的曲折性。

能力目标：通过分析历史资料，概括古代中国经济发展的基本特点；学会将历史知识与现实相联系，提高分析和解决问题的能力。

情感态度价值观目标：认识中华民族勤劳智慧的品质，增强民族自豪感；关注当前中国经济发展，树立爱国主义情怀。

3. 教学重点与难点

重点：古代重农抑商政策对中国经济发展的影响；商品经济的发展。

难点：如何看待中国古代经济发展的特点？古代经济的发展对当今中国经济建设有何启示？

4. 创设情境，导入新课

设置问题情境："从古至今，我国一直被称为'农业大国'，这一称谓反映了中国经济发展的哪些基本特点？又有何深层历史渊源？我们今天如何传承和弘扬中华民族勤劳智慧的优秀品质？让我们一起走进中国古代经济的世界，去寻找答案。"该问题紧扣"中国古代经济结构及其演变"这一核心概念，凸显了农业在中国古代经济中的重要地位和影响，同时联系了学生的生活实际，激发了学生探究的兴趣。

5. 组织探究，理解概念内涵

情境一：明清时期，欧洲经历了地理大发现和新航路开辟，主要国家纷纷向海外扩张，其根本原因在于欧洲正处于从封建社会向资本主义社会过渡的时期。同一时期，明清王朝统治者则极力推行"重农抑商"的政策，一方面颁布休耕令，减免农民赋税；另一方面对商人的经济活动进行严格管制。这反映了当时中国经济发展的哪些特点？为什么明清统治者要推行"重农抑商"政策？这种政策对中国社会经济发展有何影响？

设计意图：通过对比分析中西方国家经济政策的异同，理解中国古代农业经济的主导地位，认识封建社会重农抑商政策的局限性，思考其对中国经济社会发展的影响。

探究过程：以"明清时期中西方经济发展的比较"为话题，开展小组讨论。要求学生通过分析教材资料和搜集的历史图片，总结当时中西方经济发展的主要特点，并思考两种经济发展道路的异同及其影响。讨论后小组推举代表发言，教师归纳总结。

情境二：宋代以后，随着商品经济的发展，出现了早期资本主义生产因素。如南宋时就有发达的手工业作坊，明清时期江南地区的棉纺织业、瓷器制造业都出现了工场手工业。但是，这些早期资本主义并没有冲破封建经济的藩篱，最终未能带来社会性质的根本变革。为什么在商品经济较为发达的条件下，中国资本主义的产生和发展步履维艰？这对后来中国近代化进程有何影响？

设计意图：引导学生认识中国古代商品经济发展的曲折性，分析中国资本主义发展缓慢的原因，理解近代中国面临的社会危机，增强实现民族复兴的责任感和使命感。

探究过程：展示宋代市舶司、明代丝绸、清代景德镇瓷器等图片资料，引导学生感受中国古代商品经济的繁荣。随后设问：既然商品经济如此发达，为何没有带来资本主义生产关系的产生？请同学们分别从经济基础、上层建筑等方面分析原因。学生讨论发言后，呼应导入新课时提出的问题，引导学生思考古代经济发展对近代中国走向的影响，增强学生的忧患意识和责任担当。

6. 拓展延伸，联系现实

活动一：当前，我国正处在经济结构转型升级的关键时期。2020年突如其来的新冠肺炎疫情，给各行各业带来严峻考验。危中有机，唯有加快推动经济高质量发展，才能让中国经济这艘大船乘风破浪，行稳致远。作为一名高中生，你认为应该如何发挥自身优势，为国家经济社会发展贡献力量？请谈谈你的思考。

设计意图：把历史与现实相联系，引导学生以历史眼光审视当前中国经济发展面临的机遇与挑战，思考个人与国家的关系，增强社会责任感。

活动方式：学生自由发言，畅所欲言。鼓励学生从不同角度切入，可从加强学习、提升创新能力、践行社会主义核心价值观、传承中华优秀传统文化等方面谈己见。

活动二："我们要在加强薄弱环节中释放消费潜力，在畅通循环中激发市场活力，在科技创新中寻求发展动力，在深化改革中破除体制机制障碍。"请同学们结合所学知识，谈谈你对这段话的理解。

设计意图：引导学生从历史的视野分析以上讲话的深刻内涵，理解创新、协调、绿色、开放、共享的新发展理念，坚定实现中华民族伟大复兴的信心。

活动方式：学生先个人思考，整理观点，再组织全班交流。要鼓励学生联系古代经济发展的特点，谈当前如何正确处理政府与市场的关系，畅通国民经济循环，推动高质量发展。

7. 总结提升

通过本节课的学习，我们认识到，古代中国经济以农业为主，统治者推行"重农抑商"的政策，这在客观上延缓了中国资本主义的产生和发展，也影响了中国近代化的进程。但古代先民们勤劳智慧的品质、不屈不挠的斗争精神值得我们发扬光大。今天，我们要立足新发展阶段，贯彻新发展理念，主动服务和融入新发展格局，在推动高质量发展中催生新的历史机遇，续写中华民族伟大复兴的历史新篇章。

教学反思：

本节课围绕"中国古代经济结构及其演变"这一核心概念，设计了"明清时期中西方经济政策比较""宋明清商品经济发展"两个主要问题情境。教学中注意将历史与现实相联系，引导学生以现代经济理念审视古代经济现象，增强分析问题、解决问题的能力。但在课堂探究过程中，教师对学生的引导还不够精准，学生对一些关键问题的理解不够深入，今后教学中应进一步改进。

综上所述，大概念教学视角下的历史情境教学设计，应从学科核心概念出发，围绕这些概念设置系列问题情境，构建从"点"到"线"再到"面"的立体化教学情境网络。在情境探究过程中，教师要充分发挥学生的主体作用，通过多样化的教学活动引导学生自主探究、合作学习，在解决问题的过程中深化对概念的理解，提升分析和解决问题的能力。同时要注重培养学生的家国情怀，引导他们用历史的眼光、全局的视野审视现实问题，立足本职、担当尽责，在实现中华民族伟大复兴的新征程中放飞青春梦想。

第三节　大概念教学与项目式学习的互补

项目式学习是二十世纪初在欧美国家兴起的一种教学模式，强调学生在教师指导下，围绕特定项目开展自主探究和实践，通过主动建构知识来实现对所学内容的深度理解和灵活运用。这一理念与大概念教学提倡的学生自主学习、强调对概念的综合应用有许多契合之处。本节拟在梳理项目式学习起源与发展的基础上，探讨如何将其与大概念教学相融合，进而提出以核心概念为引领，在高中历史教学中开展项目式学习的主题设计和实施策略，为优化历史课堂教学、提升教学实效提供参考。

一、项目式学习的起源与发展

项目式学习（Project-based Learning）最早可追溯到 20 世纪初期的美国。1918 年，著名教育家 W.H. 基尔帕特里克在其《项目教学法》一书中首次提出"项目教学"的概念，主张教学应围绕一个完整的"项目"活动展开，强调学生的主动参与和亲身实践。此后，这一理念在欧美国家地区不断发展，逐渐形成了一套较为成熟的教学模式。

20 世纪 80 年代，随着建构主义学习理论的兴起，项目式学习进入了一个新的发展阶段。建构主义学习理论认为，知识不是简单地由外界传授，而是学习者在原有经验基础上，通过与环境的互动而主动建构的。这一理念为项目式学习提供了新的理论支撑。在此影响下，项目式学习更加强调学生要在真实情境中通过主动探究，建构对知识的意义理解。学校和教师要为学生提供接近真实世界的学习情境，引导他们通过解决复杂的现实问题来习得知识技能，发展高级思维能力。

进入 21 世纪，项目式学习在世界各国得到广泛推广和应用。一些国家将其作为课程改革的重要突破口，积极倡导并推动项目式学习在各学科教学中的运用。如美国的"授权项目式学习"（Challenge-based Learning）就将项目式学习与 STEM 教育、公民教育等结合起来，旨在培养学生的创新精神和社会责任感。我国台湾地区自 2019 年起在高中阶段全面推行"108 课纲"，要求各科教学要体现"素养导向、问题解决、跨域整合"的课程设计理念，其中就包含了项目式学习的内涵要求。我国大陆地区近年来也高度重视项目式学习，教育部 2017 年颁布的《新课标》明确提出要开展跨学科项目式学习，充分体现学习与实践、知识与能力、情感态度价值观的结合。一些学校还成立了专门的"创客空间"，为学生的项目式学习提供场地和资源支持。

总的来看，项目式学习提倡学生在真实情境中通过主动探究的方式来建构知识、发展能力，强调学以致用，注重培养学生分析和解决现实问题的素养，是对传统应试教育的一次变革。将这种理念引入高中历史教学，对于克服"词不达意""记忆为主"等弊端，提高历史课堂教学质量，培养学生的历史学科核心素养具有重要价值。不过，项目式学习要真正落地生根，还需要教师对其内涵有清晰把握，并与学科教学实际相结合，进行创造性的实践与探索。

二、大概念视角下的项目式学习内涵重构

项目式学习的实质，是引导学生参与对真实世界问题的探究，在问题解决的过程中主动建构知识意义，习得相关技能。由此可见，其与大概念教学有许多共通之处，如都强调学生要主动参与、独立思考，突出学习的生成性和意义建构，重在培养学生分析和解决问题的综合素养。这就为在历史学科教学中整合二者提供了可能。不过，要真正实现大概念教学与项目式学习的融合，还需要我们对后者的内涵做进一步的挖掘和重构。

首先，大概念教学视角下的项目式学习，应聚焦学科核心概念。大概念教学的核心是引导学生围绕学科的重要概念展开探究，揭示概念所蕴含的丰富内涵，把握概念的发展变化，建构系统完整的学科知识体系。而传统项目式学习所设计的"项目"，往往是一些与真实生活相关的跨学科主题，对学科核心知识的关注不够。为克服这一局限，大概念视角下的项目式学习应有意识地将探究项目与学科核心概念关联起来。以历史学科为例，其核心概念如历史发展、家国情怀等，往往蕴含着丰富的探究主题。教师应以这些核心概念为基点，围绕其中的关键问题，设计具有学科内涵和现实意义的项目，引导学生通过项目探究去理解概念的来龙去脉，感悟历史发展的规律。如在学习"工业革命"这一核心概念时，可以设计"比较中英两国工业化的异同"这一项目，引导学生分析中英工业化的时间、道路、动力等方面的差异，理解中国工业化道路选择的历史必然性，进而思考实现中华民族伟大复兴的路径。通过将项目学习与核心概念教学紧密结合，学生对知识的理解就会更加全面和深刻。

其次，大概念视角下的项目式学习，要关注项目与情境的适切性。情境学习理论认为，学习的效果取决于学习者与学习情境的互动。项目设计只有贴近学生生活，与其已有经验相联系，才能激发其探究兴趣。同时，大概念教学又强调概念学习要依托具体的问题情境。为此，教师在组织项目式学习时，应注重创设与学生经验相关、与概念内涵契合的探究情境，让学生在真实情境中经历概念的形成发展过程。如在学习"史料实证"这一核心概念时，可设计"我是小小考古队员"项目，让学生通过考古发掘、文物辨析等

具体情境，去探寻史料形成的奥秘，理解考古发现对历史认识的重要意义。又如在学习"制度建设"概念时，可设计"寻访乡贤"项目，引导学生走访身边德高望重的人士，了解他们推动社会进步的事迹，感悟制度的力量，增强制度自信。总之，在设计项目情境时，既要考虑其与学科核心概念的关联度，又要注重学生的认知起点和生活经验，力求使情境设计既有"高度"又有"温度"，以唤起学生的探究热情。

再次，大概念视角下的项目式学习，注重培养学生的学科思维品质。大概念教学的重要目标是通过对核心概念的探究和感悟，培养学生的学科思维能力。这与项目式学习强调在实践中培养学生分析和解决问题的能力不谋而合。在组织项目探究时，教师要引导学生运用学科的独特思维方式分析问题，在解决问题的过程中内化学科核心素养。以历史学科为例，可引导学生运用历史唯物主义的基本观点分析历史现象，培养历史思维能力；引导学生换位思考历史人物的处境和抉择，培养历史同情心；引导学生比较不同国家、地区历史发展的异同，拓宽全球视野。如在学习"治乱兴衰"这一核心概念时，可设计"历史上农民起义的得与失"项目，引导学生运用唯物史观分析农民起义爆发的社会根源，评价其对历史发展的影响。通过这样的探究过程，学生不仅能加深对历史知识的理解，还能提升历史学科的思维品质，为今后学习奠定基础。

最后，大概念视角下的项目式学习，要注重学科内在联系和学科外在关联。学科的核心概念往往与不同知识领域相通，具有广泛的适用性和迁移性。而项目式学习也突破了学科界限，强调综合运用不同学科知识分析和解决问题。因此，在组织项目探究时，教师一方面要注意挖掘学科内部不同模块的内在联系，帮助学生构建系统完整的学科知识体系；另一方面，要适时关注其他学科领域的最新发展，引导学生综合运用跨学科知识分析问题。如在探究"家国情怀"这一核心概念时，可从中华文明起源说起，纵向梳理其发展脉络；同时横向联系文学、哲学等人文学科，探讨家国情怀在不同时代、不同领域的表现。在探究项目实施中，鼓励学生运用地理、政治等学科知识，分析家国情怀形成的历史地理条件、在近现代中国发挥的重要作用。如此，通过加强学科内外的联通，学生的知识视野会更加开阔，分析问题的视角也会更加多元。

总之，将项目式学习引入历史学科教学，应立足学科特点，以大概念为纲，精心设计项目主题；要贴近学情，创设与概念内涵相适切的探究情境；要突出学科思维，在探究过程中培养学生的学科素养；要注重学科内外的联系，引导学生综合运用知识分析问题。唯有如此，方能最大限度地发挥项目式学习在历史教学中的独特优势，为学生全面而有个性地发展奠定基础。这不仅需要历史教师在理念层面实现创新，在专业知识上精进学习，更需要学校在课程设置、师资配备、教学条件等方面提供制度保障和资源支持。

三、基于大概念的高中历史项目式学习主题设计

历史学科蕴含着丰富的大概念，如时间观念、历史解释、家国情怀等。这些概念体现了历史学科的本质特点，对于学生理解历史、认识社会具有重要意义。在高中历史教学中，教师应立足这些核心概念，精心设计富有吸引力和挑战性的项目主题，引导学生通过探究实践去把握历史发展的来龙去脉，体认历史学习的现实意义。

基于大概念设计历史项目学习主题，可以遵循以下路径：

首先，聚焦核心概念设计项目主题。设计项目学习主题，首要任务是明确与之密切相关的学科核心概念。教师要立足教材，梳理单元涉及的核心概念，并以此为基点延伸拓展，提炼出富有概括性和启发性的探究主题。如在学习"经济发展史"单元时，可提炼出"商品经济""资本主义""市场经济"等核心概念，进而设计"比较中西方古代经济的异同""工业革命是如何改变世界的""我国社会主义市场经济体制是如何确立的"等一系列项目主题。这些主题紧扣核心概念，视角新颖，具有鲜明的问题意识，能很好引发学生的探究兴趣。

其次，关注学生经验设计项目主题。项目设计如果脱离学生的认知水平和生活实际，就可能沦为空洞乏味的"作业"。为此，教师在设计项目主题时，要充分考虑学生的知识基础、兴趣爱好等因素，力求使主题选择贴近学生生活，与其已有经验相联系。如在学习"文化交流史"单元时，可设计"我家乡的地名中有哪些文化印记""晚清时期的中国人眼中的世界是什么样的"等项目主题，引导学生从身边熟悉的事物入手探寻文化交流的奥秘，在亲身体验中感受不同文化的碰撞融合。对于高一新生而言，这些主题难度适

中，能激发其探究兴趣。随着学生知识经验的积累，教师可适度加大主题的难度和挑战性，如"丝绸之路是如何改变东西方的""甲午战争后维新派'师夷长技'的得与失"等，以进一步拓宽学生的知识视野，提升其分析和解决问题的综合能力。

再次，突出学科特点设计项目主题。不同学科有不同的概念体系、思维方式和探究途径。历史学科强调从时间和空间角度考察事物的发展变化，注重对历史现象做出合理解释。因此，历史项目学习主题的设计，应体现学科的特点和要求，引导学生运用历史的视角和方法分析问题。比如"中华人民共和国的缔造之路"这一主题，可引导学生运用历史唯物主义的基本观点，分析新民主主义革命胜利的历史必然性；"冷战时期的国际关系"主题，可引导学生跳出意识形态偏见，以发展的眼光看待美苏两大阵营的对峙。通过突出历史学科特点设计项目主题，能帮助学生领悟历史发展的一般规律，树立正确的历史观、世界观和方法论。

最后，立足时代需求设计项目主题。历史教育的重要任务是帮助学生认识世情国情，增强社会责任感，自觉肩负时代重任。基于大概念设计历史项目学习主题，要关注国家发展和时代变迁，引领学生在历史中探寻人生价值和精神家园。如在学习中国近现代史时，可设计"五四运动激发了怎样的时代新气象""抗日战争中的青年楷模"等主题，引导学生继承发扬爱国主义精神，自觉把个人理想融入民族复兴的伟大事业。在学习世界史时，可设计"第二次工业革命催生了哪些新技术新产业""冷战后的世界政治经济格局"等主题，引导学生把握世界发展大势，增强开放包容、互利共赢的全球胜任力。总之，在设计项目主题时教师要高瞻远瞩、放眼未来，努力培育担当民族复兴大任的时代新人。

需要指出的是，大概念教学视角下的历史项目学习主题设计，是一个不断反思、持续优化的过程。教师要在组织项目探究的过程中，及时评估项目设计的针对性和有效性，根据学生的反馈建议做出调整完善，力求使项目主题更加贴合学生实际、富有时代气息。同时，教师也应该与同行加强交流，吸收各方面的意见建议，不断提升自身驾驭项目教学的能力水平。唯有在实践与理论的反复磨合中砥砺前行，方能不断深化对项目学习的认识，提出更多契合时代要求、体现学科特色、贴近学生实际的项目主题，更好地服务于学生全面发展。

四、大概念引领下的高中历史项目式学习实施策略

项目式学习不同于一般意义上的"练习""作业"，其对教师的教学设计和组织实施能力提出了更高要求。在大概念教学视角下开展高中历史项目式学习，教师要在科学设计项目主题的基础上，合理配置教学资源，创设有利于学生探究的学习情境，引导学生开展卓有成效的探究实践，进而达成学科育人目标。概括起来，主要应把握以下几点：

首先，做好项目导入，激发学生探究兴趣。项目导入环节的任务是帮助学生了解项目背景，理解探究主题，提出具体的探究问题。为此，教师可创设与主题相关的问题情境，通过讲述历史故事、呈现历史图片、开展头脑风暴等方式，引发学生思考，激发其探究欲望。比如在"明清江南社会生活"项目中，教师可展示一组反映明清江南城乡风貌、居民生活的图片，并设问"这组图片反映了当时江南地区哪些特点""这种繁荣背后有哪些深层原因"等，引导学生思考明清江南社会在政治、经济、文化等方面的特点。在项目导入环节，教师还要明确告知学生项目学习的基本目标、活动步骤、成果要求等，帮助他们提前做好思想准备和行动计划。

其次，加强过程指导，引导学生开展探究。项目探究是学生学习的关键环节。在此过程中，教师要给予适度的引导和帮助，帮助学生理清探究思路、把握探究方向。可采取的措施有：提供探究资料，介绍搜集信息的方法；组织小组讨论，交流探究心得；开展个别辅导，解决学生疑惑；举办阶段汇报会，检视探究进展等。比如在"中国共产党的创建"项目中，教师可向学生推荐相关的史料文献，如《共产党宣言》《五四运动的意义》等，引导他们从中国革命的时代背景、马克思主义在中国的传播等角度思考党创建的历史必然性。在学生撰写探究报告时，教师要帮助其确定报告提纲，提醒其注意论证的逻辑性。总之，在整个探究过程中，教师既要相信学生的探究潜力，又要给予必要的指导和帮助，鼓励其大胆探索、勇于创新，最终形成自己的独特见解。

再次，注重过程评价，关注学生的全面发展。评价对于检视教学效果、促进学生提高具有重要作用。与一般考试测验不同，项目式学习的评价不

应局限于学习结果，而应关注探究过程各环节，涵盖知识、能力、情感态度等方面。评价主体除教师外，还应包括学生自评、生生互评等。评价方式可采取实物评价、表现性评价等多样化形式。如在"中国社会主义建设道路的探索"项目中，可请学生撰写一份"思想汇报"，谈谈自己在项目探究中的体会和收获，评价自己的参与程度、合作意识等，教师再予以点评。对于实物性成果如手抄报、研究报告等，教师可组织学生互评，交流改进意见。总之，过程性评价不仅能及时发现学生存在的问题，帮助其查漏补缺，更能引导学生反思自己的学习过程，增强自主学习和探究创新的意识，促进其在知识、能力、情感等方面的全面进步。

最后，丰富成果呈现形式，彰显学生个性特长。成果呈现是项目学习的重要一环，既是对前期探究成果的集中展示，也为师生交流、反思提供了契机。与一般作业的呈现方式不同，历史项目学习成果的呈现应突出学生的主体地位，鼓励其采取多样化、个性化的方式，展现自己的探究心得。如在"第二次世界大战全景图"项目中，学生可以制作主题海报、录制微电影、编排话剧、撰写历史小说等形式呈现成果。一个班级可以形成"百花齐放"之势，既有利于学生充分展现自身特长，也能营造浓郁的历史氛围。在成果呈现环节，教师要积极引导学生互相评价、集思广益，在碰撞交流中共同提高。比如可组织专题研讨会，请学生介绍各自的探究过程，并对他人的成果提出意见建议。对于优秀的探究成果，学校还可举办成果展示会，面向更广泛的师生交流分享，扩大项目学习的辐射效应。

需要指出的是，上述策略的运用要因时因地制宜，既要遵循项目学习的一般规律，又要结合历史学科的特点和学情实际灵活调整。教师在教学中要密切关注学生的反应，及时总结经验教训，对指导策略进行完善。比如，发现学生在项目探究中存在急于求成、流于形式等问题，就要及时予以纠正，加强方法指导和价值引领。教师还要与其他学科教师加强协作配合，整合学校、社区等各方面资源，为学生探究实践提供支持和便利。只有在教学实践中不断摸索前行，才能形成一套行之有效的项目学习实施"范式"，从而最大限度地发挥项目学习在促进学生发展、培养学生核心素养等方面的独特功能，为学生的终身发展奠定坚实基础。

大概念教学是当前国际教育研究与实践的前沿热点。它聚焦学科核心概念，强调学生自主探究，注重对深层知识意义的把握，为化解应试教育顽疾、提升课堂教学效率、培养学生核心素养提供了新思路。在历史学科教学中引入大概念教学理念，对于克服"重知识传授、轻能力培养"等问题，提高历史课堂教学质量，推进学生全面而有个性地发展无疑具有重要价值。

不过，大概念教学在理念上固然先进，但在实践中如何落地生根、开花结果，仍有许多问题有待探讨。特别是要处理好大概念教学与传统教学的衔接问题，将其与学科教学的特点和规律相结合，因材施教、扬长避短，这对广大教育工作者的专业能力和教学智慧提出了更高要求。正因如此，如何在大概念教学视角下优化课堂教学流程、整合各种教学资源、灵活创新教学方法，进而最大限度地调动学生学习的主动性和创造性，成为摆在每一位教育工作者面前的重要课题。

通过梳理大概念教学的内涵要义，分析历史学科教学的特点，笔者认为，将大概念教学与问题导向学习、情境教学、项目式学习等方法整合起来，对于深化历史课堂教学改革，优化教学流程，激发学生兴趣，提高教学实效具有重要意义。在此基础上，本章从理论与实践相结合的视角，就如何在大概念教学引领下，开展基于真实问题情境的探究性学习、围绕核心概念创设富有吸引力和感染力的教学情境、精心设计跨学科综合项目，在解决问题、参与实践的过程中加深学生对历史知识的理解等问题，提出了一些基本设想和策略，以期为广大历史教育工作者提供参考。

需要指出的是，大概念教学作为一种新理念新方法，在落实过程中可能遇到种种困难和问题，如何因地制宜地加以解决，让先进理念真正落地生根、开花结果，不仅需要教育者转变观念，更需要全社会形成合力，多措并举，久久为功。比如，要进一步深化教育科研，加强对大概念教学的理论探讨和实证研究，以理论指导实践、以实践丰富理论，不断提升大概念教学的科学化水平；要加大教师专业发展投入，提升教师驾驭新型教学方式的能力，帮助他们真正成长为学生发展的引路人；要进一步推进基础教育课程改革，加强校本课程和主题活动课程建设，为大概念教学的开展创造条件；要广泛宣传大概念教学的先进理念，凝聚家长、社区等各方面力量，共同推动素质教育的纵深发展。

"千里之行，始于足下。"作为一线教育工作者，我们要立足当下、着眼长远，积极投身于教育理念变革和教学实践创新的洪流中，努力探索符合时代要求、体现学科特点、满足学生成长需要的教学新模式。我相信，在广大教育工作者的不懈探索和努力下，在全社会的关心和支持下，大概念教学必将焕发出勃勃生机，成为引领未来教育的一面旗帜，为培养担当民族复兴大任的时代新人、为实现教育现代化的宏伟目标作出应有贡献。

第六章　大概念教学下的深度课堂对教师专业素养的要求

随着新课程改革的不断深入，我国基础教育发生了深刻变革。在高中历史教学领域，"大概念教学"理念逐渐得到重视，成为促进学生高阶思维发展、培养学生核心素养的有效途径。然而，大概念教学理念的落实，对教师提出了更高的要求。教师不仅需要拥有扎实的学科知识基础，还要能够树立"大概念"意识，不断更新教学理念，提升专业素养，才能真正实现"教"与"学"的良性互动，推动课堂教学朝着更深层次发展。

第一节　教师对大概念的理解与掌握

大概念教学理念的提出，使得高中历史教学有了新的思路和方向。大概念是指学科中具有高度概括性、系统性和开放性的核心概念，是学科知识体系的精髓所在。历史学科的大概念主要包括时间、空间、变化、因果、证据等。这些大概念贯穿于历史学习的全过程，对于学生深入理解历史知识、把握历史发展脉络具有重要意义。

然而，要落实大概念教学，教师首先需要对大概念有清晰而全面的认识。这不仅需要教师拥有深厚的学科专业知识，还要能够从宏观视角把握学科知识体系，领悟学科核心概念的内涵与外延。只有教师真正理解并掌握了大概念，才能在教学中自如运用，帮助学生构建知识体系，提升学科素养。

一、教师需要理解大概念的内涵

大概念不同于一般概念，它是学科知识体系中最具概括性、最能体现学科核心素养的概念。例如，在历史学科中，"变化"就是一个重要的大概念。历史发展本质上是一个不断变化的过程，政治、经济、文化等各个方面都处于动态变化之中。"变化"这一大概念，不仅能够体现历史发展的基本规律，还能帮助学生理解历史事件、历史现象的形成与演变。因此，教师需要充分理解"变化"概念的内涵，明白它不仅指事物在时间维度上的演变，还包括事物在空间维度上的差异，以及不同历史时期的特点。唯有如此，教师才能在教学中引导学生把握历史发展的动态性和多样性，培养学生的历史思维能力。

事实上，每一个大概念都有丰富的内涵，需要教师进行深入研究和探索。例如，"因果"概念不仅包括历史事件之间的因果联系，还包括不同历史阶段、不同地域之间的影响与作用；"证据"概念既涉及历史资料的考证与辨析，也涉及史学理论与方法的运用。教师只有全面把握大概念的内涵，才能在教学中有的放矢地设计教学活动，帮助学生理解并掌握学科核心素养。

二、教师需要把握大概念的外延

大概念的外延是指概念所指称的对象范围，了解大概念的外延，有助于教师拓展教学内容，丰富学生的学习体验。以"时间"这一大概念为例，它的外延非常广泛，不仅包括历史发展的纵向时间，还包括不同地域的横向时间。教师在教学中，可以引导学生关注不同国家、不同民族的历史发展，了解它们在相同时间段的差异与联系，拓宽学生的全球视野。教师还可以引导学生思考时间与空间的关系，探讨某一历史事件在不同时空背景下的演变，加深学生对历史发展规律的理解。

事实上，每一个大概念的外延都可以延伸到不同领域、不同学科，为学生的学习提供了广阔的探索空间。因此，教师需要开阔视野，把握大概念的外延，才能引导学生进行跨学科、跨领域的学习，提升学生的综合素养。

三、教师需要在教学中灵活运用大概念

理解并掌握大概念，只是教师专业素养提升的第一步，更为重要的是要学会在教学实践中灵活运用。这就要求教师在备课时，能够围绕大概念来组织教学内容，设计教学活动；在授课时，能够引导学生在具体知识学习中领悟大概念的内涵，并运用大概念来分析问题、解决问题。

例如，在学习"第一次世界大战"这一课题时，教师可以引导学生从"变化"的视角来认识这场战争。第一次世界大战改变了欧洲的政治格局，推动了民族独立运动的发展，同时也为第二次世界大战埋下了伏笔。这场战争在世界历史进程中具有重要影响，是历史发展"变化"这一规律的集中体现。教师引导学生从"变化"的角度分析历史事件，能够帮助学生把握事件的本质，提炼有价值的结论。

事实上，大概念的运用贯穿于历史教学的始终。在学习每一个具体知识点时，教师都要引导学生思考它与相关大概念之间的联系，这有助于学生融会贯通、举一反三。因此，教师需要加强教学设计，围绕大概念精心设计问题、案例和活动，充分调动学生的学习主动性，引导学生在学习过程中运用大概念，提升学科核心素养。

四、教师需要引导学生构建大概念框架

大概念是学生学习的重要支架，教师在教学中不仅要帮助学生理解和掌握每一个大概念，还要引导学生在头脑中构建起大概念框架。所谓大概念框架，就是以大概念为核心，将学科知识有机串联起来形成的知识网络。构建大概念框架，能够帮助学生深化对知识的理解，促进知识的内化和迁移。

因此，在教学中，教师要注重引导学生主动建构知识体系。一方面，要帮助学生梳理每一课的重点知识，厘清知识之间的逻辑关系；另一方面，要引导学生将不同课题的知识联系起来，探讨它们之间的内在联系。例如，在学习中国古代史时，教师可以引导学生围绕"变化"这一大概念，梳理从夏商周到清代的政治、经济、文化的发展脉络，探讨不同时期的特点、成就与局限。学生通过这样的学习，能够构建起完整的中国古代史知识框架，加深对历史发展规律的认识。

总之，教师对大概念的理解与掌握，是开展大概念教学的前提和基础。教师需要加强学习，不断拓宽学科视野，全面把握大概念的内涵与外延，并注重在教学实践中灵活运用，引导学生构建大概念框架。只有这样，教师才能真正将大概念教学落到实处，促进学生的全面发展。

第二节 教师在深度课堂中的角色定位

随着新课改的深入推进，传统的以教师为中心、以知识传授为主的教学模式逐渐让位于以学生为中心、以能力培养为主的教学模式。在这种新的教学模式下，课堂教学呈现出新的特点，被称为"深度课堂"。深度课堂强调学生的主体地位，注重培养学生的批判性思维和创新能力，要求教师转变教学理念，创设探究情境，引导学生积极思考、主动建构知识。在这样的课堂中，教师的角色必然发生转变，从"知识的传授者"转变为"学习的引导者""探究的组织者"和"生成的促进者"。

一、学习的引导者：激发学生的学习兴趣

在深度课堂中，教师首要的角色是学习的引导者。这就要求教师要善于激发学生的学习兴趣，调动学生的学习积极性。历史学科具有鲜明的特点，故事情节曲折多变，人物性格鲜明突出，极易引起学生的兴趣。教师要抓住这一学科优势，精心设计教学内容，创设问题情境，激发学生的探究欲望。

例如，在学习"英国资产阶级革命"这一课题时，教师可以先抛出一系列问题：为什么英国会爆发资产阶级革命？这场革命有何独特之处？它对英国乃至世界历史产生了怎样的影响？然后，教师可以播放一些相关的历史纪录片或电影片段，让学生身临其境地感受革命的过程。通过问题引入和情境创设，学生的好奇心被充分调动起来，迫切想要知道问题的答案。教师适时引导，鼓励学生自主学习，这样的课堂气氛往往十分活跃，学生的学习主动性也会大大提高。

二、探究的组织者：开展探究性学习活动

深度课堂强调学生的主动探究，教师需要成为探究活动的组织者。组织探究活动，并不意味着教师可以完全放手，而是要充分发挥教师的主导作用，引领学生开展富有成效的探究。这就要求教师要精心设计探究主题，提供丰富的探究资料，开展形式多样的探究活动。

例如，在学习"甲午中日战争"这一课题时，教师可以设计一个探究主题：甲午战争失败的原因有哪些？可以引导学生从政治、经济、军事、外交等多个角度入手，查阅相关史料，搜集有价值的信息。教师还可以组织学生开展小组合作探究，鼓励学生相互讨论、交流思想、共同提炼观点。在探究过程中，教师要适时参与，引导学生的探究方向，帮助学生梳理探究成果。学生通过探究性学习，不仅能够深化对历史知识的理解，还能锻炼分析问题、解决问题的能力，提高综合素养。

三、积极的参与者：营造民主、平等的课堂氛围

在深度课堂中，教师不再高高在上，而是要成为学生学习的参与者。这就要求教师要放下身段，平等对待每一个学生，积极参与到学生的学习活动中去。营造民主、平等的课堂氛围，是深度课堂的重要特征，也是教师发挥参与者角色的关键所在。

教师要尊重学生的主体地位，鼓励学生大胆质疑、积极发言。面对学生提出的问题，教师要虚心听取，耐心解答，必要时可以与学生展开讨论。教师还要注意引导学生互相尊重，学会倾听不同观点。在这样民主、平等的课堂氛围中，学生敢于表达独特见解，乐于与他人交流思想，课堂讨论往往能碰撞出智慧的火花。同时，教师与学生之间的关系也会更加融洽，师生互动更加频繁，有利于教学效果的提升。

四、评价的主持人：开展多元化评价

评价是教学不可或缺的环节，在深度课堂中，教师还要成为评价活动的主持人。不同于传统的以考试成绩为主的单一评价，深度课堂提倡多元评价，注重从知识、能力、情感等多维度评价学生的历史学习状况。这就要求教师要转变评价观念，开展形式多样的评价活动。

在平时的教学中，教师要注意过程性评价，关注学生在探究活动中的表现，评价学生分析问题、解决问题的能力。期末可以开展终结性评价，综合考查学生的知识掌握和能力提升情况。评价方式上，教师要注重定性评价与定量评价相结合。定性评价可以通过课堂观察、学习档案、面谈等方式进行，给学生提供具体而全面的反馈；定量评价可以通过测验、小论文等方式

进行，用数据说话，客观反映学生的学习效果。

此外，教师还要注重发挥学生的主体作用，引导学生开展自评和互评。学生通过评价他人，能够加深对评价标准的理解；通过评价自己，能够及时发现学习中的不足。教师在评价过程中，要充分肯定学生的进步，鼓励学生扬长避短、不断进取，促进学生在原有水平上获得新的提高。

总之，在深度课堂中，教师要树立先进的教育理念，准确定位自身角色，充分发挥"学习引导者""探究组织者""积极参与者"和"评价主持人"的作用。教师唯有不断更新知识，提升专业素养，才能适应新课改的要求，驾驭深度课堂，带领学生在历史学习的道路上不断前行。

第三节　教师专业发展及其与大概念教学的关系

教师专业发展是一个持续不断的过程，需要教师在教育教学实践中不断学习、反思、探索、提升。而大概念教学作为一种新的教学理念和教学模式，对教师专业发展提出了更高的要求。教师要真正落实大概念教学，推进深度课堂建设，就必须加强专业学习，提升专业素养，实现专业发展。同时，教师在大概念教学实践中，也能够不断积累经验，深化认识，反过来促进自身的专业成长。因此，教师专业发展与大概念教学是相辅相成、互为促进的关系。

一、大概念教学促进教师专业发展

大概念教学要求教师树立宏观视角，系统把握学科知识体系。这就需要教师加强学科专业知识的学习，不断拓展学科视野。通过学习，教师能够更全面地认识学科发展前沿，深入领会学科核心素养的内涵，这无疑有利于教师自身素质的全面提升。

同时，大概念教学要求教师创新教学方式方法，这对教师的教学设计能力、课堂组织能力、教学评价能力等提出了更高要求。教师要开展好大概念教学，就需要潜心钻研教学理论，学习先进的教学经验，在实践中大胆尝试、善于创新。在这个过程中，教师的教学技能必然会得到锻炼和提高。

此外，大概念教学还强调培养学生的历史思维能力。这就要求教师要具有较高的思维水平，善于引导学生进行独立思考和建立批判性思维。教师在备课时，要学会从历史事件中提炼有价值的问题；在授课时，要注重启发诱导，鼓励学生探究问题。久而久之，教师的思维方式也会发生潜移默化的变化，逐步形成发散性思维和创新意识。

总之，大概念教学对教师专业发展可以起到很好的促进作用。它引领教师不断学习新知识、探索新方法、锤炼新能力，使教师在知识、能力、思维等方面都得到全面提升，从而实现专业的自我超越。

二、教师专业发展推动大概念教学

教师的专业发展水平，很大程度上决定了大概念教学的成效。唯有不断提升专业素养，教师才能真正把握大概念教学的内涵，设计出高质量的教学活动，上好深度课堂。

首先，教师学科专业知识的深度和广度，影响着对大概念的理解和把握。教师知识视野越开阔，对学科知识体系的认识越全面，就越能准确把握大概念的内涵与外延，在教学中游刃有余地运用。相反，如果教师学科知识储备不足，缺乏宏观视野，就难以全面认识大概念，更无法引导学生透过具体知识看本质、悟规律。

其次，教师教学能力的高低，决定着大概念教学活动设计的质量。教学设计是大概念教学的关键环节，教师需要围绕大概念，精心设计教学目标、教学重难点、教学策略等。这对教师把控全局的能力、分析问题的能力、捕捉重点的能力都有很高要求。教师的教学能力越强，设计出的教学活动就越有针对性，越能帮助学生理解和内化大概念。

最后，教师思维品质的优劣，影响着学生思维能力的培养。在大概念教学中，教师不仅要帮助学生掌握知识，更要注重发展学生的历史思维能力。这就要求教师本身要具有严密的逻辑思维、敏锐的洞察力和开阔的思维视野。唯有如此，教师在教学中才能提出有价值的问题，引导学生多角度地分析问题，启发学生创造性地解决问题，促进学生思维品质的形成。

可见，推进大概念教学，教师专业发展至关重要。只有加强专业学习，提升专业素养，教师才能在大概念教学实践中做到游刃有余、收放自如，带领学生在历史知识的海洋中尽情遨游。

三、教师专业发展与大概念教学的协同共进

大概念教学为教师专业发展指明了方向，而教师专业发展水平的不断提高，又推动了大概念教学的深入开展。二者相互依存、互为促进，形成良性互动。

一方面，大概念教学实践是教师专业发展的沃土。教师在开展大概念教学的过程中，能够发现自身知识能力的不足，激发自主学习、持续进步的动力。同时，大概念教学也为教师专业成长提供了广阔的平台，教师可以在教学实践中大胆探索、勇于创新，在反思和总结中积累经验、提炼智慧。这种理论与实践的紧密结合，必将推动教师专业发展水平的整体提升。

另一方面，教师专业发展又为大概念教学注入了不竭动力。只有教师不断学习、终身成长，大概念教学才能真正深入人心、落地生根。随着教师视野的拓展、能力的提升，对大概念教学的理解也会更加深刻，运用也会更加娴熟。教师将先进的教育理念与自身实践经验相结合，形成了符合学情、契合课标的教学风格，上好一堂堂富有成效的深度课堂，最终实现大概念教学预期的育人目标。

总之，在大概念教学的引领下，在不断的专业发展中，教师能够真正担负起历史教育的神圣使命，培养学生的历史学科核心素养，提升学生的综合人文素质。教师专业发展和大概念教学携手并进、共同升华，必将推动高中历史教学不断迈上新台阶。

四、教师专业成长的路径建议

大概念教学呼唤专业型教师，要成为大概念教学的行家里手，教师必须树立终身学习理念，走专业发展之路。对此，笔者提出以下路径建议，供广大历史教师参考。

首先，加强理论学习，夯实专业基础。教师要认真学习新课程标准，深入领会核心素养的内涵；主动学习历史学科前沿知识，拓宽知识视野；系统学习教育教学理论，丰富教学思想。通过理论学习，教师能够及时更新知识结构，转变教育教学观念，以开阔的眼界和前瞻的思维去认识大概念教学，

从而找准角色定位，明确前进方向。

其次，积极参与教研，提升教学实践能力。教研活动是教师专业成长的重要平台，教师要珍惜学校和区域提供的教研机会，主动参与听课、评课、磨课等活动。通过集体备课，大家可以交流大概念教学心得，分享教学设计经验；通过说课展示，教师能直观感受大概念教学的成功案例，学习优秀的教学方法和艺术；通过课后研讨，可以相互探讨在实践中遇到的困惑和问题，碰撞出智慧的火花。久而久之，教师的教学基本功会越来越扎实，教学驾驭能力会明显增强。

再次，坚持反思总结，提炼实践智慧。反思是教师专业成长的内在动力，教师要学会在教学实践中反思，在反思中成长。大概念教学实践永远在路上，教师要做经验的有心人，做智慧的发现者。课后要及时回顾教学过程，反思得与失，总结经验教训；要用发展的眼光审视自己的教学，主动调整策略，改进不足；要不断提炼教学心得，上升为理性认识，内化于心，外化于行。唯有在反思和总结中持续进步，教师的大概念教学水平才能不断得到提高。

最后，开展行动研究，实现理论创新。行动研究是教师反思自我实践、研究自我行动的过程，是教育理论与教育实践沟通的桥梁。教师在大概念教学实践中，要勇于尝试、大胆创新，通过实践提出问题，用研究的眼光分析问题，运用科学的方法解决问题。这个过程，教师不仅能发现一般经验，而且能概括出有规律性的认识，用以指导今后的教育教学工作。久而久之，在教学、研究、再教学、再研究的循环往复中，教师必将实现理论创新，产生原创性的教育教学成果。

大概念教学重塑了教师专业发展的内涵，教师要想真正驾驭大概念教学，实现专业自我超越，必须志存高远、脚踏实地，在理论学习与实践探索中砥砺前行。这需要教师付出艰辛的努力，也需要学校、社会提供广阔的舞台。愿所有历史教师能携手并进，为我国培养德智体美劳全面发展的社会主义建设者和接班人而不懈奋斗！

大概念教学是引领高中历史教学改革的一面旗帜，对教师专业发展提出了更高要求。唯有加强专业学习，提升专业素养，教师才能在大概念教学实践中驾轻就熟，上好富有成效的深度课堂，进而推动学生历史核心素养的形成与发展。教师专业发展之路漫长而艰辛，需要广大教师的不懈努力，更需要理论与实践的良性互动。让我们以习近平新时代中国特色社会主义思想为指导，落实立德树人根本任务，在大概念教学的引领下，在教育教学改革的洪流中砥砺前行，为培养德智体美劳全面发展的社会主义建设者和接班人贡献自己的一份力量！

第七章　大概念教学下的深度课堂的前景与展望

当前，国内外教育界都在致力于课堂教学改革，探索能够切实提高学生核心素养、促进学生全面发展的教学模式。大概念教学和深度课堂是近年来备受关注的两种教学理念与策略。大概念教学强调从宏观层面梳理学科体系，提炼核心概念，整合碎片化知识，培养学生的概念思维能力；深度课堂则注重课堂教学过程的深度，通过设计富有挑战性的教学任务，创设开放、互动、探究的课堂环境，引导学生深度参与、思考和实践，实现对知识的深度理解和内化。

高中历史学科作为培养学生人文素养的重要载体，近年来的教学改革也在不断借鉴大概念教学和深度课堂的理念。高考新方案的实施更是进一步推动了高中历史教学从"知识本位"向"素养导向"转变。在这一背景下，如何在高中历史教学中有机融合大概念教学和深度课堂，成为当前亟需探讨的重要课题。

第一节　大概念教学在高中历史教学中的发展趋势

高中历史教学肩负着培养学生历史学科核心素养的重任。新课标明确提出，高中历史教学要"突出历史学科育人价值""注重学科思维方式的培养"，引导学生"逐步形成历史学科基本思维方式，增强运用历史知识认识问题、分析问题和解决问题的能力"。这就要求高中历史教学必须从单纯的知识传授转向概念理解和思维培养。大概念教学正是适应这一转变的有效途径。

本节将系统阐述大概念教学在高中历史教学中的发展趋势。首先，分析大概念教学的内涵与价值，明确大概念教学的特点和意义；其次，梳理大概念教学在国内外高中历史教学中的发展历程与现状，把握大概念教学在历史学科中的应用进展；再次，剖析新课标背景下高中历史教学对大概念教学的新要求，阐明推行大概念教学的必要性和紧迫性；最后，展望大概念教学在未来高中历史教学中的发展前景，提出推进大概念教学的路径设想。

一、大概念教学的内涵与价值

(一) 大概念的界定

大概念（Big Ideas）是一个源于科学教育领域的术语。美国科学教育标准（National Science Education Standards）最早提出"大概念"（Big Ideas）的概念，指那些能够帮助学生理解学科整体框架，对学习具有关键作用的重要概念。此后，大概念逐渐被引入到不同学科领域。

在历史学科中，大概念指那些能够贯穿历史发展进程，反映历史学科本质，对理解和把握历史知识体系具有关键作用的核心概念。这些大概念往往凝结了历史学科的基本思想、基本原理和基本方法，是学科知识结构的支柱。深入理解这些大概念，对于学生学习和应用历史知识、建构历史学科思维至关重要。

(二) 大概念教学的特点

大概念教学是围绕学科大概念组织教学的一种模式，具有以下特点：

1. 聚焦核心概念。大概念教学强调围绕反映学科本质、对学科学习具有关键作用的核心概念来设计教学，将学科知识体系中的核心概念作为教学的聚焦点，引导学生系统而深入地理解这些大概念。

2. 整合碎片知识。大概念教学注重将分散、孤立的知识点整合到大概念之下，通过对大概念的理解，构建知识间的内在联系，形成系统、连贯、有意义的知识结构，克服知识的碎片化倾向。

3. 培养概念思维。大概念教学重视发展学生的概念思维能力，引导学生通过对概念内涵、外延、属性、关系等方面的思考，掌握概念思维的方法，提升对问题的理解和把握能力。

4. 注重迁移应用。大概念具有广泛的适用性和迁移性，大概念教学注重培养学生运用大概念分析问题、解决问题的能力，引导学生将所学概念迁移到新的情境中加以应用，提高知识的实践应用价值。

(三) 大概念教学的价值

大概念教学对于深化高中历史教学改革、提升教学质量具有重要价值：

1. 有利于培养历史学科核心素养。大概念教学聚焦历史学科的核心概念，有利于引导学生理解历史学科的基本思想、原理和方法，有利于培养学生的历史学科思维能力，切实增强学生运用历史知识认识问题、分析问题的综合素养。

2. 有利于克服知识碎片化倾向。大概念教学强调知识的内在关联，通过对大概念的整合，帮助学生建构系统、连贯的知识体系，克服以往历史教学中知识点过于零散、学生难以把握知识整体框架的问题。

3. 有利于拓展学生历史视野。历史大概念往往具有跨地域、跨时段的特征，大概念教学有助于学生突破知识的时空局限，从宏观、长远的视角审视历史的发展，拓展历史视野，培养全局观念。

4. 有利于促进知识的深度理解。大概念教学注重引导学生深入探究概念的内涵与外延，透过表象把握本质，实现对知识的深度理解，改变以往浅尝辄止、一知半解的学习状态。

5. 有利于提高知识迁移应用能力。大概念教学重视培养学生运用概念分析问题、解决问题的能力，引导学生在不同情境中灵活应用所学知识，提高知识的实践价值，增强学以致用的能力。

二、大概念教学在国内外高中历史教学中的发展历程与现状

大概念教学源于西方国家的课程改革实践。20世纪90年代，美国、英国等国率先提出了基于"大概念"的科学课程改革方案。进入21世纪，大概念教学逐渐被引入到人文学科领域。2010年美国发布的《国家历史学习标准》明确提出"使用大概念来组织历史课程内容，阐明学生应该掌握什么样的知识"。一些研究者开始探讨大概念教学在历史学科中的应用路径，取得了积极进展。例如，美国斯坦福大学教授萨姆·温伯格提出了历史学科的四个核心概念：因果、变化与连续性、证据和解释、历史视角等，成为许多学校组织

历史教学的重要依据。英国学者阿瑟·查普曼也提出了历史大概念教学的操作框架，强调要围绕二阶概念来设计教学活动，培养学生的历史思维能力。

与西方国家相比，我国大概念教学研究与实践起步较晚，但近年来发展迅速。2001年，我国学者钟启泉最早提出"大概念学习"的理念，此后逐渐引起教育界的广泛关注。2011年，教育部颁布的《普通高中历史课程标准》提出要"关注学科基本概念、基本思想和基本方法的学习"，为大概念教学在高中历史教学中的推广应用指明了方向。一些研究者开始从理论和实践层面探索大概念教学。例如，李伟等人归纳提炼了中国古代史领域的十大核心概念，姜伟芝等设计了基于"变革"概念的专题教学，黄炳余等开发了基于"权力制衡"概念的教学案例。这些研究为在高中历史教学中推行大概念教学提供了有益借鉴。

目前，大概念教学已经成为国内外高中历史教学改革的重要趋势。一些发达国家和地区普遍重视大概念教学，将核心概念的学习融入到历史课程标准之中。例如，新加坡高中历史课程标准明确要求教师围绕六大历史概念组织教学内容，美国的历史学习标准也强调要用大概念来统领学科知识。在教学实践中，许多国家的教师采用概念导图、概念比较、概念探究等策略来培养学生对历史概念的理解和应用能力，取得了良好效果。

在我国，随着新课标的全面实施和高考改革的深入推进，高中历史教学对大概念教学的需求日益凸显。越来越多的一线教师开始尝试在教学中融入大概念教学的理念和方法。一些地区还开展了大概念教学的校本研修活动，探索本区域内推广大概念教学的有效路径。总的来看，大概念教学在我国高中历史教学中已经初步形成气候。但与西方发达国家相比，在教学理念更新、课程资源开发、教学模式创新等方面还存在一定差距，亟需进一步深化研究和实践。

三、新课标背景下高中历史教学对大概念教学提出的新要求

党的十八大以来，国家高度重视教育事业发展，把立德树人作为教育的根本任务，全面推进素质教育，努力培养德智体美全面发展的社会主义建设者和接班人。在此背景下，高中历史新课标对学生历史学科素养提出了新的更高要求，对历史教学改革提出了新的更迫切的需求。大概念教学是适应

新课标要求、深化历史教学改革的战略选择。

（一）新课标强调以学生发展为本，注重学科核心素养培育

新课标秉持"以学生发展为本"的理念，关注学生的认知发展规律和学习需求，强调在教学过程中要充分发挥学生的主体作用，引导学生主动参与、乐于探究、勤于实践。新课标还把学科核心素养的培育作为重中之重，提出要在夯实学生知识基础的同时，注重发展学生的历史学科能力，涵养学生的人文精神。这就要求高中历史教学必须从关注"教什么"转向关注"教会学生什么"，必须着眼于学生历史学科素养的整体提升。

大概念教学恰恰契合了新课标的理念要求。大概念教学聚焦学科核心概念，关注概念内涵的理解和思维品质的发展，能够引导学生在掌握学科基础知识的同时，培养概括、推理、论证等思维能力，发展历史学科的独特思维方式。同时，大概念教学注重学生的主体参与，强调学生要在探究、思辨、交流中建构知识、内化素养，有利于学生在学习过程中增强历史意识、树立正确价值观念。由此可见，大概念教学与新课标强调学生发展、注重核心素养培育的导向高度一致。

（二）新课标倡导学科整合，注重培养学生的综合思维能力

新课标提出要打破学科界限，加强学科整合，引导学生运用多学科视角分析问题、解决问题。历史学科具有鲜明的综合性特点，是学科整合的重要切入点。新课标明确指出，高中历史教学要与其他学科相互渗透、相互促进，引导学生用多角度、多层面的眼光来认识历史事物及其发展规律。这就要求在历史教学中应当重视跨学科概念的挖掘和综合思维能力的培养。

大概念教学为学科整合、培养综合思维能力提供了契机。许多历史大概念都具有跨学科属性，蕴含着丰富的哲学、政治、经济、文化内涵。教学中围绕这些大概念展开探究，引导学生从不同学科视角理解和阐释历史现象，能够拓宽学生的知识视野，催生跨学科思维，提高学生综合运用知识的能力。同时，大概念教学重视概念间逻辑关系的建构，强调分析概念异同、挖掘概念联系，有助于学生打破知识的条块分割，促进不同学科知识的融会贯通，最终形成宏观、整体、立体的思维方式。

(三) 新课标突出学以致用，注重提升学生解决现实问题的能力

新课标把提高学生运用知识的实践能力作为重要导向，强调学生不仅要掌握书本知识，更要学会把知识运用于社会生活，增强知识助力自身发展、服务国家的意识。历史学科不仅要教给学生历史知识，更要引导学生运用历史知识、用历史的眼光观察和思考现实问题，用历史的智慧应对人生的种种挑战。

大概念教学能够帮助学生实现知识与生活、理论与实践的紧密结合。大概念往往蕴含丰富的现实意义，体现了历史发展的一般规律。引导学生深入把握这些大概念的实质内涵，能够帮助他们透过历史看现实，运用历史规律分析国家、社会发展中的问题，增强对人类社会发展规律的认识。同时，大概念教学注重培养概念迁移能力，引导学生将历史概念应用到现实情境中，增强历史学习的现实观照，提高学生运用历史知识认识问题、分析问题、解决问题的实践能力，为学生终身发展奠定坚实基础。

综上所述，面对新课标提出的新要求，高中历史教学必须主动作为、积极应对。大概念教学能够引领学科素养导向、促进学科整合融通、彰显学科实践品格，是助推高中历史教学改革的必由之路。推行大概念教学，对于全面贯彻新课标、提升历史教学质量具有十分重要的意义。

四、大概念教学在高中历史教学中的发展前景与路径设想

大概念教学代表了高中历史教学改革发展的前进方向。在新课标理念引领下，随着历史教育现代化进程的不断推进，大概念教学在高中历史教学中必将迎来更加广阔的发展前景。但要真正实现大概念教学从理念到实践的转化，尚需在教学观念、课程建设、教学实施等层面作出努力。

(一) 树立大概念教学理念，更新教学观念

推行大概念教学，首要的是教师要树立大概念教学理念，切实转变教学观念。长期以来，我国高中历史教学存在重知识传授、轻能力培养的倾向。不少教师习惯于"满堂灌""题海战术"，忽视了学生思维发展和素养培育，导致学生只知其然、不知其所以然，难以真正建立历史学科思维。大概

念教学理念强调要突出学科主干内容，关注学生的认知发展，注重培养学生的学科思维能力。这就要求教师应当主动适应教学改革大势，从单纯关注知识教学的教学事实观转向关注学生发展的教学管理观，更加聚焦历史学科核心素养的培育。只有从观念上树立起"教是为了更好地学""教是为了学生终身发展"的理念，大概念教学才能真正落地生根。

（二）开发大概念教学资源，优化课程内容

大概念教学的推行，离不开优质教学资源的支撑。目前，我国大概念教学资源还比较匮乏，许多学校沿用的仍是传统的以知识为本位的教材体系。因此，应当加大力度开发契合大概念教学需求的课程资源。一方面，国家和地方教育行政部门要从政策和制度层面加大支持力度，组织专家学者、一线教师共同研发契合大概念教学的教材。教材内容要精选学科核心概念，合理配置概念的广度、深度和难度，概念间的关系要清晰合理、递进有序。另一方面，学校和教师要发挥主体作用，因地制宜开发校本课程资源。要紧密结合本地区学情、本校实际，围绕核心概念开发专题型、案例型、活动型的校本教学资源，丰富大概念教学的资源储备。此外，还要注重挖掘和利用信息技术手段，开发适合学生自主学习的数字化资源，为大概念教学创设良好的信息化环境。

（三）创新大概念教学模式，改进教学方法

大概念教学的实施，关键在于教学模式和教学方法的创新。要针对不同概念的性质、不同教学内容的特点，因材施教、因概念施教，设计个性化的教学模式。

对于反映历史发展一般规律的概念，可采用归纳演绎、理论联系实际的教学模式，引导学生从具体事例中归纳概括，在新情境中演绎应用，实现概念内涵的掌握和思维能力的提升。

对于反映历史发展多样性的概念，可采用比较分析、多元探究的教学模式，引导学生分析不同地域、不同文明的异同，培养学生换位思考、尊重多样的思维品格。

对于价值判断类的概念，可采用批判反思、讨论交流的教学模式，引

导学生在讨论争鸣中明确概念的价值内涵，增强运用概念分析问题的能力。

总之，要根据概念的不同特点，灵活采用案例教学、专题教学、问题探究、小组合作、情境体验等多样化教学方法，最大限度地调动学生学习的主动性和积极性，不断增强大概念教学的吸引力和实效性。

(四) 加强大概念教学研究，提升教师专业素养

大概念教学的持续推进，有赖于大概念教学研究的不断深化和教师专业素养的持续提升。一方面，理论工作者要加大对大概念教学的理论研究，进一步明确大概念教学的内涵、原则、路径，为大概念教学实践提供理论指导。要加强对国内外大概念教学改革经验的总结提炼，为我国大概念教学提供借鉴。另一方面，广大一线教师要加强大概念教学的实践研究，在教学实践中大胆探索、勇于创新，在实践积累中提炼规律、优化策略，形成可资借鉴、可以推广的经验范式。同时，要切实加强教师培训，提升教师开展大概念教学的理论素养和实践能力。学校要将大概念教学纳入教师培训和教研活动的重要内容，促进教师树立大概念教学意识，掌握大概念教学方法，增强教学创新与反思能力，不断提高大概念教学的科学化水平。

可以预见，随着大概念教学改革的不断深入，大概念教学必将成为高中历史教学的主旋律。在大概念教学的引领下，高中历史教学将更加突出史学思维的培养，更加彰显学科素养的内涵，更加关注学生发展的需求，为学生全面而有个性地发展提供坚实支撑，为实现立德树人的根本任务作出更大贡献。

第二节　深度课堂对未来高中历史教学的启示

深度课堂是近年来教育界备受关注的一种新型课堂教学模式。它强调课堂教学过程要深度聚焦、深度互动、深度体验、深度反思，引导学生进行深度学习，实现知识的深度理解、能力的深度发展。深度课堂理念与大概念教学存在许多契合点，在高中历史教学中引入深度课堂理念，对于推动大概念教学、促进学生历史学科核心素养发展大有裨益。

本节拟从深度课堂的内涵出发，分析深度课堂与大概念教学的关联，进而探讨深度历史课堂建设的路径，展望深度课堂引领下高中历史教学的未来图景，以期为高中历史教学改革提供新的视角和思路。

一、深度课堂的内涵特征与价值意义

(一) 深度课堂的内涵

深度课堂是指围绕学科核心概念、关键能力，通过深度教学、深度学习、深度评价，实现学生深度参与、思考、对话、反思，达成知识深度理解、能力深度发展、价值观深度认同的一种课堂教学范式。它区别于传统的"浅层课堂"，追求课堂教学过程的深度、高阶、持久、迁移。

深度课堂的提出，源于国际学界对于"深度学习"的研究。"深度学习"指学生通过对知识的主动建构，实现对知识的深刻理解、对能力的充分发展、对情感态度价值观的内化形成。美国学者威廉·达蒙提出"深度学习"应关注学生在认知、情感、社会参与等方面的发展。瑞典学者费伦斯·马顿从学生学习方式视角界定了"表面学习"和"深度学习"的区别。新加坡学者崔京兰提出"深度教学"理论，强调要激发学生的学习动机、发展学生的思维能力、提高学生解决问题的能力。在此基础上，有学者进一步提出"深度课堂"的概念，强调在课堂教学中渗透"深度学习"理念，实现学生的深度发展。

(二) 深度课堂的特征

深度课堂是落实深度学习的关键阵地，具有以下主要特征：

1. 目标高阶化。深度课堂聚焦学科核心概念，关注学生关键能力，将知识的深度理解、能力的深度发展作为根本目标，体现了课堂教学目标的高阶性。

2. 学习深层化。深度课堂引导学生对知识进行深层次加工，透过表象把握本质，学习过程强调探究性和反思性，实现对知识经验的内化升华，体现了学习过程的深度性。

3. 参与主动化。深度课堂注重调动学生参与的主动性，通过设置真实问题情境，创设开放、民主、平等的课堂氛围，激发学生主动探究、积极思考的内驱力，体现了学生参与的自主性。

4.互动多元化。深度课堂提倡师生互动、生生互动，通过小组合作、头脑风暴等方式营造多元互动的课堂生态，在碰撞交流中实现思维的外显和提升，体现了互动方式的多样性。

5.评价精准化。深度课堂注重过程性评价和综合性评价，通过学习档案、成长性评价等方式，动态记录学生的学习历程和成长轨迹，注重学生反思能力和自我监控能力的培养，体现了评价方式的精准性。

(三) 深度课堂的价值

深度课堂在高中历史教学中的推广应用，对于提升教学质量、促进学生发展具有重要价值：

1.有利于提高学生的历史学科核心素养。深度课堂突出历史学科的核心概念和关键能力，引导学生在深度学习中提升概念理解力、逻辑思辨力、历史解释力等学科关键能力，进而促进历史学科核心素养的发展。

2.有利于促进学生对历史知识的深度理解。深度课堂引导学生透过历史现象表象把握本质，通过分析、综合、比较等方式加工建构知识，实现对知识的深度理解，形成清晰完整的知识框架。

3.有利于发展学生的高阶思维。深度课堂重视培养学生分析问题、解决问题的能力，通过创设问题情境，引导学生进行批判性和创造性思考，在解决问题的过程中发展高阶思维。

4.有利于提高学生的学习兴趣。深度课堂强调学生的主动参与，通过小组合作、探究等方式调动学生学习的积极性，在参与体验中唤起学生的求知欲，提高学习兴趣。

5.有利于培养学生的创新意识。深度课堂鼓励多元观点的碰撞交流，尊重学生的个性化见解，在宽松、民主的课堂氛围中培养学生勇于质疑、敢于创新的意识。

由此可见，引入深度课堂对于破解高中历史教学中存在的诸多困境，实现教学方式的革新、素养目标的落实，进而全面提升高中历史教育教学质量，具有十分重要的现实意义。

二、深度课堂与大概念教学的关联

深度课堂与大概念教学是高中历史教学改革的两大趋势，二者在理念内涵、关注重点等方面存在诸多契合，可以优势互补、相得益彰，共同助推高中历史教学走向纵深发展。

(一) 在教学理念上的一致性

大概念教学强调聚焦学科核心概念，突出学科主干内容，通过对核心概念的掌握实现学科知识体系的建构，发展学科核心素养。深度课堂同样强调聚焦学科核心，关注学生关键能力的发展，通过深度学习实现知识的深度理解、能力的深度发展。二者在聚焦学科核心、关注学生发展的理念追求上具有高度一致性。

此外，大概念教学倡导改变以往"一言堂"式灌输的做法，提倡开展探究、讨论等学生主动参与的学习；深度课堂同样强调学生是学习的主人，要最大限度地激发学生参与的内驱力。二者都体现了以学生为中心、主动学习的教学理念。

(二) 在关注重点上的互补性

大概念教学重在凝练学科核心概念，通过概念的探究掌握和知识整合应用来培养学生的概念思维；深度课堂则更加关注教学过程和学习方式，强调在教与学的互动中实现学生的认知和情感参与，着眼学生在深度体验中获得个性化发展。

也就是说，大概念教学的重点在于概念理解和思维发展，深度课堂的重点在于学习过程与学习体验。二者关注点不同，但却能够形成互补，大概念教学中的概念探究正需要在深度课堂中落实，深度课堂所倡导的学生体验恰能在大概念教学中得以彰显。

(三) 在实施策略上的融通性

大概念教学在实施上主要采取头脑风暴、小组合作、探究讨论等策略，强调学生的主体参与和生成性学习；深度课堂在具体操作上也非常注重发挥学习共同体作用，通过小组互动、合作探究等形式调动学生的参与热情。二者在实施路径上有许多相通之处。

深度课堂所倡导的设置问题情境、创设探究氛围，正是实现概念理解与思维发展的有效策略；而大概念教学所强调的整体观照、关联思考，又为深度课堂的教学过程提供了重要方法指导。由此可见，大概念教学与深度课堂在实施策略上可以实现有效融通。

综上所述，深度课堂与大概念教学理念契合、优势互补，在高中历史教学中引入两者理念，进行深度融合，能够为高中历史教学改革注入强大动力，为培养学生历史学科素养开辟广阔空间。

三、深度历史课堂建设的实施路径

深度课堂为高中历史教学变革提供了新思路、新方法，在具体实施中应把握深度课堂的关键要义，遵循教学规律，通过科学有效的策略，切实提升课堂教学质量。下面拟从教学准备、课堂教学、课后拓展等环节，对深度历史课堂建设的实施路径进行探讨。

(一) 精心设计教学目标，凝练关键问题

教学目标是课堂教学的灵魂，深度课堂必须立足学科大概念，精心设计每一节课的教学目标。教学目标的设计不仅要体现学科特点，突出概念内涵，而且要关注学生认知规律，区分目标层次。可以采取"双维目标"的设计策略，在知识维度突出概念理解，在能力维度彰显思维发展，引导学生在知识学习中内化概念、发展思维。

同时，要围绕教学目标设计关键问题，关键问题是深度课堂的催化剂，对于引导学生深入探究、实现目标达成至关重要。关键问题的设计要具有开放性，能够引发学生多元思考；要具有递进性，前后问题层层深入、环环相扣；要与学生认知相匹配，难度适中，既要有挑战性，又要让学生有解决问题的信心和勇气。

(二) 创设探究性情境，激活学生认知

学习兴趣和认知需求是深度参与的内在动力，深度历史课堂要激发学

生主动探究的欲望。要创设问题情境，以问题激趣，以任务驱动参与。问题情境要贴近学生生活，与已有认知经验关联，才能引起学生的情感共鸣，点燃探究的热情。

可以采取"故事导入""时空穿越""悬念设置"等方式开展情境教学，也可借助多媒体手段呈现丰富的历史场景，身临其境感受历史，在沉浸体验中唤醒探究冲动。要让学生处在认知"最近发展区"，激活认知冲突，学生在问题解决、探究尝试的过程中深度参与，经历知识的生成过程。

（三）实施合作探究学习，深化思维互动

深度课堂崇尚探究式学习，强调学习共同体建设，合作学习是深度课堂的重要形式。可以根据学习任务将学生分成若干小组，小组成员在探究过程中分工合作，积极交流，互帮互学，在头脑碰撞中实现思维深化。

小组合作要聚焦问题展开，教师应提供探究线索、思考角度，引导学生在小组内开展头脑风暴，集思广益，提出各自见解，通过质疑、辩论深化思考。组间交流时可以采用"思维导图""故事复述"等形式加以呈现，让不同观点相互激荡，达成思维升华。教师要关注学生在合作探究中遇到的困难，提供适时的指导帮助，同时要注意保护学生创新思维的火花，鼓励学生大胆质疑、勇于创新。

（四）加强历史学科实践，内化知识经验

历史学习不能仅限于课堂，深度历史课堂要重视学科实践，引导学生将课堂所学应用于实践，在实践中检验、内化知识。可充分利用学校周边的历史文化资源，开展实地考察、社会调查、口述访谈等活动，在亲身实践中感悟历史、探寻规律。

此外，可以利用信息化手段，通过虚拟展馆、在线资源等形式开展拓展学习。学生通过搜集、整理史料，开展个性化探究，撰写研究报告，编制学习档案，在实践体验中加深对历史知识的理解，提高运用知识的实践能力。教师要重视实践过程管理与评价反馈，引导学生主动调节、优化实践活动，在体验与升华中实现知识经验的内化。

(五) 注重学习过程评价，促进自我反思

评价是深度课堂的助推器，应围绕学生在课堂学习过程中的表现，开展全面、精准的评价。要突出过程性评价，关注学生在探究、交流、实践等环节的具体表现，及时发现问题，改进策略，扶持学生成长。可采取"学习日志""成长记录"等形式，引导学生记录学习收获与感悟，培养反思意识。

要注重综合性评价，针对概念理解、思维发展等不同维度，采取测验、访谈、作品分析等多元评价方式，兼顾结果与过程、量化与质性分析，全面诊断学生学习状况。评价要重在激励反馈，帮助学生正确认识自我、明确努力方向，教师要做好评价后的辅导，促进学生查漏补缺、改进提高，最终达成评价的发展性功能。

深度历史课堂建设是一项系统工程，须在教学准备、课堂教学、课后拓展等各环节系统规划、精心实施，只有环环紧扣、步步深入，才能真正实现课堂教学从"浅层"到"深度"的跨越，最终达成学生历史学科核心素养的培育。

四、深度课堂引领下高中历史教学的未来图景

深度课堂是高中历史教学改革的必由之路，随着课堂革新的不断深入，必将开创高中历史教学的崭新局面。在不远的将来，高中历史课堂将呈现出更加美好的图景。

(一) 课堂生态更加和谐

在深度课堂的引领下，师生角色将发生积极转变。教师将真正从"主宰者"变成"引导者"，学生将从"接受者"蜕变为"探究者"。师生在教学过程中平等互动、积极对话，形成民主、开放、包容的课堂氛围。

学生作为学习的主人，个性得以充分彰显，创新思维得到鼓励，学习热情空前高涨；教师作为学习的助手，因材施教，启发诱导，以爱的教育滋润学生成长。课堂生态的持续优化，必将为学生历史学科素养发展创造良好环境。

（二）学习方式更加高效

在深度课堂的推动下，学生学习方式将发生根本改变。将彻底改变"满堂灌""被动学"的局面，学生通过头脑风暴、小组探究、实践体验等方式，全身心投入学习过程。围绕历史大概念开展深度探究、深度思辨，运用高阶思维加工分析信息，经历知识生成的过程，实现对知识的深度理解。

在主动探究中发展智慧，在合作交流中碰撞思维，在亲身实践中升华认知，学生的学习方式将更加高效，学习动力将更加强劲，学习效果将更加显著。

（三）教学评价更加科学

随着深度课堂评价改革的推进，高中历史教学评价将更加科学系统。单一的结果评价将转向过程性评价与综合性评价并重，不仅看重学生对知识的掌握程度，更关注学生在学习历程中的进步与发展。注重学生学习过程数据的采集与分析，客观全面地诊断学生学习状态。

此外，将充分发挥学生的自评、互评作用，调动学生参与评价的积极性，培养自我监控、自我调节的良好习惯。评价结果将与教学过程紧密结合，用于改进教学策略、优化学习方案，最大限度地促进每一个学生的个性化发展。

（四）育人成效更加彰显

深度课堂必将推动高中历史教学由"知识本位"向"素养导向"的系统转型，学生历史学科核心素养将得到全面提升。学生将系统掌握历史学科的基本概念、基本原理和基本方法，具有全面的知识视野和扎实的学科基础。

通过参与探究、合作、实践等活动，学生能够综合运用历史知识分析问题、解决问题，批判性思维、创新意识、实践能力将显著增强。同时，在价值引领中坚定理想信念，在情感熏陶中砥砺道德品质，树立科学的世界观、人生观和价值观。历史学科的育人功能将得到充分发挥，为学生的全面发展和终身发展奠定坚实基础。

展望未来，随着大概念教学理念的深入人心，随着深度课堂模式的日臻完善，高中历史课堂必将迎来全新的气象。在知识与智慧的深度激荡中，在师生心灵的温暖交流中，在理性与人文的深刻融合中，高中历史课堂将不断焕发勃勃生机，为培养中国特色社会主义事业的合格建设者和可靠接班人作出新的更大贡献。

第三节　对高中历史教师应对大概念教学的建议

大概念教学对教师的专业素养提出了新的更高要求，教师必须主动作为，加强专业学习，转变教学理念，更新知识结构，创新教学方法，着力提升大概念教学的意识和能力，才能不断推进高中历史教学变革，全面提高育人质量。

结合当前高中历史教学改革的实际，本节拟从树立现代教育理念、优化学科知识结构、创新教学方式方法、加强教学反思四个方面，对高中历史教师应对大概念教学提出建议，以期为广大教师专业发展和教学创新提供参考和启示。

一、树立育人为本、以学生为中心的现代教育理念

教育理念是引领教师专业发展的灯塔，大概念教学要求教师树立全新的教育理念。传统的应试教育理念侧重"以教定学""以分取人"，忽视了学生主体性发展。新课改背景下，教师必须树立现代教育理念，把立德树人作为教育的根本任务，始终坚持"一切为了每一位学生的发展"。

（一）树立以学生发展为本的教育观念

教师要树立"以学生发展为本"的教育观念，从关注"教师教得怎么样"转变为关注"学生学得怎么样"，从单纯重视学生学习结果转变为更加重视学生学习过程，努力为每一个学生提供适合的教育。要研究学生身心发展规律，尊重学生的个性差异，满足学生的不同需求，因材施教，助力学生的全面而有个性地发展。要关注学生知识、能力、品德等多维度的协调发展，真正把促进学生的全面发展、终身发展作为教书育人的出发点和落脚点。

（二）树立学生是学习主体的理念

教师要树立"学生是学习的主人"的理念，充分尊重学生的主体地位，积极调动学生学习的主动性。要改变长期以来学生在课堂上"被动接受""机械记忆"的状态，让学生真正成为学习的主人。要为学生创造主动参与、积极探究的机会，引导学生通过自主学习、合作学习和探究学习等方式，经历知识生成和能力发展的过程。要鼓励学生大胆质疑、勇于创新，培养学生独立思考和创造性解决问题的能力。要相信每一个学生都有巨大的发展潜能，努力营造民主、平等、和谐的师生关系，让学生在宽松、愉悦的环境中成长。

（三）树立教学相长、以爱育人的师生观

教师要树立"亦师亦友、教学相长"的师生观，努力做学生的引路人。要消除师生之间的隔阂，平等相待，真诚沟通，与学生成为学习的伙伴。要虚心向学生学习，从学生的创造性表现中汲取智慧，在与学生的互动交流中共同进步。此外，还要树立"以爱育人"的理念，用爱心呵护学生的成长。对学生要宽严并济，做到严中有爱、爱中有度。要深入了解每一个学生，尊重他们的个体差异，满足他们成长的不同需求。要关注学生的情感体验，学会换位思考，设身处地为学生考虑，让师爱成为学生健康成长的阳光雨露。

总之，树立育人为本、以学生为中心的现代教育理念，是高中历史教师适应新课改、推进大概念教学的必然要求。教师只有解放思想、更新观念，才能跳出应试教育的樊篱，实现从"教书匠"到"教育家"的蜕变，不断开创高中历史教育教学改革发展的新境界。

二、优化历史学科知识结构，厚植大概念教学基础

开展大概念教学，需要教师具备宽厚扎实的学科知识基础。新课标下历史学科知识呈现出综合化、多样化、前沿性的特点，这就要求教师改变过于狭隘的知识视野，不断优化知识结构，实现学科知识的广度、深度和新度的扩展，为大概念教学奠定坚实的知识基础。

(一) 拓宽历史学科知识广度，促进学科交叉融合

历史是一门综合性很强的学科，大概念教学需要教师具有开阔的知识视野。教师要改变过于狭隘的学科观，除了系统掌握本学科知识外，要主动拓展相关学科的知识。要重视历史学与哲学、政治学、经济学、社会学、人类学等学科的联系，学习借鉴相关学科的理论观点和研究方法，实现知识的交叉融合。

同时，要关注不同地域、不同国别历史发展的共性与特点，借鉴国际优秀教学经验，开拓国际化的知识视野。通过拓展学科知识的广度，教师能够从更加宽广的视角来分析、解释历史现象，拓宽学生的知识视野，培养学生的全球胜任力。

(二) 深化历史学科核心概念理解，提升学科把握能力

开展大概念教学，教师必须对学科核心概念有深入系统的理解。教师要围绕课程标准，系统梳理本学科的核心概念，深入钻研概念的内涵与外延、概念间的联系与区别，努力实现对学科知识的融会贯通。要关注学科前沿动态，及时更新知识理解，跟进最新研究成果。

此外，教师要"由博返约"，立足中学历史教材，围绕教学内容，对概念的难点、重点进行针对性研究，准确把握各学段学生对概念认知的程度，增强运用概念指导教学实践的能力。通过不断深化对学科概念的理解，教师能够按照学生认知规律科学设计教学，更好地实现学科核心素养的培育。

(三) 关注历史学科前沿发展，提高学科素养

历史学科发展日新月异，呈现出许多新的特点和趋势，教师要紧跟学科前沿，与时俱进地更新知识结构。要关注历史学研究领域的最新进展，学习借鉴新的研究范式、研究方法，拓宽学科视野。要重视历史学科与新技术革命的融合，学会运用大数据、人工智能等现代技术手段优化教学。

此外，在人文与科学日益融合的时代背景下，教师要努力提升科学素养，通过历史学视角解读科技进步对人类社会的影响，引导学生增强科学精神。教师学科素养的不断提升，能够有效推动学科教学的创新发展，增强课

堂教学的时代性和吸引力。

优化历史学科知识结构是教师专业发展的必由之路，教师只有主动作为，加强学习，做到厚积薄发，才能适应大概念教学的要求，驾驭好课堂教学，引领学生在知识的海洋中遨游，在人文与科学的融合中成长，培养具有宽厚学科基础和开阔视野的时代新人。

三、创新历史教学方式方法，提升大概念教学能力

大概念教学对教师的教学能力提出了更高要求，教师不仅要掌握学科知识，更要根据教学内容和学生特点，灵活运用多种教学方式方法，激发学生学习兴趣，引导学生主动探究，实现学习方式的变革。这就需要教师树立创新意识，在实践中大胆探索、勇于创新，努力提升教学设计、组织实施、评价反馈等方面的能力。

（一）系统开展教学设计

教学设计是提高课堂教学质量的前提和基础。大概念教学对教学设计提出了新的要求，教师要按照"大概念—教学目标—教学内容—教学策略—教学评价"的思路进行系统设计。

首先，要立足学科核心素养，围绕学科大概念确定教学目标，目标设计要兼顾知识、能力、情感价值观等维度，突出概念理解和思维发展的要求。

其次，要依据教学目标精选教学内容，内容设计要把握概念的逻辑顺序，合理安排概念的广度和深度，注重呈现反映概念内涵的典型案例。

再次，针对教学内容和学生特点，设计教学策略。要充分考虑学生的认知起点，预设学习困难，选择恰当的教学形式，创设问题情境，设计探究任务。

最后，要制定科学的教学评价方案，采取多元评价方式，制定评价指标和标准。

通过周密、系统的教学设计，教师能够把握教学全局，精准落实教学目标，实现教学过程的优化组织，为开展大概念教学打下坚实基础。

（二）灵活运用教学方法

大概念教学倡导启发式、探究式、参与式教学，需要教师灵活运用多种教学方法。

首先，教师要重视问题教学法，精心设计问题情境，以"问题导学""问题互动""问题拓展"等环节引领学生探究学习，在问题解决中实现对概念的理解和内化。

其次，要注重开展小组合作学习，合理搭配小组成员，为小组探究提供指导和帮助，引导学生在头脑风暴、小组讨论中积极思考、主动建构，在合作互助中实现概念的深度理解。

再次，要大力倡导自主学习，培养学生独立思考、自我管理的能力，引导学生制定计划、搜集资料、总结反思，在自主探究中提升运用概念分析和解决问题的能力。

最后，教师要立足教学实际，创造性地运用启发式、探究式、合作式等多种教学方法，最大限度地调动学生的学习积极性，让学生在主动探究、合作交流、体验感悟中掌握概念、发展思维。

（三）推广信息技术教学

信息技术与教育教学深度融合是大势所趋，大概念教学应积极利用信息技术优化教学。

首先，教师要学会利用信息技术手段精准呈现教学内容，通过多媒体课件、动画视频等形式直观展示历史事件、历史现象，为学生理解概念内涵创设生动情境。

其次，要充分利用网络平台开展教学互动，通过在线讨论、头脑风暴等活动，拓展师生、生生互动的时空界限，让学生在积极互动中加深对概念的理解。

再次，要发挥信息技术的优势，创设虚拟仿真环境，利用 VR、AR 等技术再现历史场景，引导学生在沉浸式、体验式学习中感悟历史，加深概念认识。

此外，还要充分利用网络资源，引导学生广泛搜集与概念相关的信息资料，拓展学习的广度和深度。总之，教师要努力提升信息技术素养，积极推广信息技术教学，让现代技术成为大概念教学的得力助手，为学生全面发展赋能增效。

(四) 创新教学评价模式

教学评价是教学过程中不可或缺的重要环节。大概念教学应创新教学评价模式，建立促进学生发展的评价体系。

首先，要改变过于注重结果评价的倾向，重视过程性评价，关注学生在概念学习中的表现，及时发现问题，给予诊断与反馈，助力学生在学习过程中不断进步。

其次，要突出评价的多元性，综合运用笔试、口试、作业分析、课堂观察等多种评价方式，兼顾评价学生对概念的理解、运用。要引入学生自评、生生互评，发挥学生的主体作用，培养学生自我反思、自我调控的能力。

再次，要注重评价的激励性，评价要坚持正面引导，表扬进步，鼓励探索，激发学生的学习热情。评价要关注不同层次学生的发展诉求，尊重学生的个体差异，针对不同特点的学生提出切实可行的改进建议。

最后，创新教学评价模式事关教学改革成败，教师要树立科学的教育评价观，建立多元化的评价指标体系，不断提高运用评价促进学生发展的能力。

创新教学方式方法，是提升大概念教学水平的关键所在。教师要树立终身学习意识，加强教育教学理论学习，提高驾驭课堂的能力。要发扬钉钉子精神，在教育教学实践中大胆探索，勇于创新，不断积累经验教训，增强解决实际问题的本领。唯有如此，教师才能跳出思维定式，突破路径依赖，以开放、进取的心态投身教学改革，不断开创大概念教学的新局面。

四、加强教学反思，提升大概念教学的科学化水平

教学反思是教师专业成长的重要途径。面对大概念教学的新挑战，教师要用反思的眼光审视自己的教学实践，在反思中总结经验，发现不足，优化教学，不断增强教育教学的科学化水平。这就需要教师树立反思意识，养成习惯，掌握方法，将反思贯穿于教育教学全过程。

(一) 树立终身反思意识

反思是一种意识，更是一种习惯。教师要树立终身反思的意识，把反思作为教育教学的常态，对教育教学的各个环节、每一堂课都要进行反思，这已经成为新时代教师必备的素质。

首先，教师要有敏锐的问题意识，对教学中出现的问题保持警觉，学会用批判性思维分析问题产生的原因，寻求解决问题的对策。其次，教师要有开放的心态，虚心接纳学生、同行的反馈意见，正视自身的不足，并以积极的行动予以改进。最后，教师要有创新勇气，基于反思产生新的想法、新的设想，大胆尝试，勇于突破，不断优化完善教学实践。

总之，只有养成终身反思的习惯，时时处处见反思，事事处处勤反思，教师才能在教书育人的道路上越行越远。

(二) 开展科学系统的反思

教学反思要讲求科学、注重系统。反思不是漫无目的的"自我否定"，而应当遵循反思的一般规律，把握反思要素，开展科学、系统的反思。一般来说，反思应围绕教学目标、教学过程、教学效果等环节展开。

在教学目标方面，要反思目标设置是否契合学情、是否突出重点、是否具有挑战性等；在教学过程方面，要反思教学内容的选择是否合理、教学策略运用是否得当、师生互动是否有效等；在教学效果方面，要反思学生学业达成情况如何、是否实现了预期目标、学生在情感态度价值观方面有何变化等。

此外，教师要努力提升反思层次，反思不能停留在表面，要力求由浅入深、由表及里。可以循序渐进地开展技术层面反思、实践层面反思、理论层面反思，透过教学中的具体问题，反思教育教学规律、育人理念等深层次问题。唯有进行全方位、多层次的系统反思，教师才能不断深化对教与学规律的认识，提升教书育人的境界。

(三) 运用多种反思方法

开展教学反思，需要教师掌握并灵活运用各种反思方法，提高反思的针对性和有效性。

首先，教师要重视教学日志，通过日志书写及时记录、梳理教学过程中的得失，进行自我反思和自我对话。其次，针对教学中的现实问题开展系统研究，在研究过程中反思问题的成因，探索解决问题的对策。最后，教师之间、师生之间要加强交流反思。教师间要通过集体备课、说课评课、经验交流等方式，相互启发，取长补短；师生之间要创设平等、民主的氛围，鼓励学生表达意见、参与反思，在交流互鉴中共同进步。

此外，随着信息技术的发展，教师还要学会利用录像、音频等手段获取翔实的教学信息，利用学生学业数据开展精准反思，做到以数据说话、用数据反思，不断提高反思的科学性。

（四）注重反思成果运用

反思的最终目的在于指导和优化教学实践，这就需要教师重视反思成果的应用，用反思指导实践，在实践中再反思，形成反思—实践—再反思—再实践的良性循环。

教师要将反思与集体备课、说课评课等教研活动紧密结合，用反思成果指导教学设计，不断改进和创新教学。要将反思贯穿于课堂教学全过程，以反思为向导，及时发现并解决教学中的困难和问题。要将反思成果及时转化为教学案例、教学论文，提炼可推广、可借鉴的经验做法。

总之，教师只有将反思与实践紧密结合，让成功的经验在反思中升华，让失败的教训在反思中消化，让反思成果在实践中开花结果，才能不断推动大概念教学走向成熟，最终达成立德树人的目标。

在大概念教学实施过程中，教师肩负着引领、组织、协调、评价的重任，需要具备与时俱进的教育理念、宽厚扎实的学科素养、娴熟高超的教学艺术。这对教师提出了全新的更高要求，教师必须自觉加强学习，潜心钻研业务，在实践中深入反思，不断攀登专业发展新高峰。教师专业发展水平的提升，必将有力保障和促进大概念教学的深入推进，最终实现学生全面发展的目标。让我们携手并进，在大概念教学的康庄大道上阔步前行！

大概念教学是国际教育发展的必然趋势，代表了未来高中历史教学的前进方向。本章立足高中历史教学改革发展的时代主题，在梳理国内外大概念教学发展历程的基础上，深入剖析了大概念教学对高中历史教学的深刻影响，系统阐述了深度课堂理念的内涵及其对大概念教学的支撑作用，构建起"大概念引领、深度促学"的教学改革路径，为推动高中历史教学变革、提升育人质量提供了思路和对策。

当前，高中历史教学改革正处在从理念突破到实践创新的关键阶段。推行大概念教学，需要国家、地方、学校各级联动，形成教学改革的整体合力；需要课程专家、教科研人员、一线教师协同攻关，为教学改革提供理论指导和智力支持；需要满怀教育理想，秉持科学态度，在大胆实践中不断探索完善。我们坚信，随着新课标的全面实施，随着育人理念的革故鼎新，随着教师专业能力的日益提升，大概念教学必将焕发勃勃生机，高中历史课堂教学质量必将实现整体跃升。在不久的将来，一个生动活泼、丰富多彩的历史课堂展现在我们面前：课堂上师生积极互动，乐教善学；学生兴趣盎然，主动探究，创新意识和实践能力得到充分彰显；学生在掌握历史知识的同时，历史学科核心素养全面提升，人文情怀日益深厚。

我们有理由相信，在大概念教学的引领下，高中历史教育必将为培养德智体美劳全面发展的社会主义建设者和接班人作出新的更大贡献。让我们携手同行，开创高中历史教育的美好明天！

结束语

　　本书的写作源于笔者多年来对大概念教学的研究与思考。近年来，随着课程改革的深入推进，大概念教学日益受到国内教育界的关注，许多学校开始尝试将其引入课堂教学实践。作为一名高中历史教师，我对这一教学理念和方法也产生了浓厚兴趣。我常常在思考，大概念教学对传统的历史教学意味着什么？如何将其与历史学科的特点、学生的认知规律相结合？在教学实践中又可能遇到哪些困难和问题？带着这些疑问，我开始有意识地学习和实践大概念教学，希望能从中找到一些启示和答案。

　　通过近几年的研究和实践，我对大概念教学有了更深入的认识。我感到，这种教学理念很好地回应了时代对人才培养提出的新要求，顺应了学生全面发展的内在需求，为深化历史课堂教学改革、提高教学质量提供了新的思路和抓手。同时，我也清醒地认识到，大概念教学要真正落地生根，还面临着诸多现实困难，如教师专业能力亟待提升、评价体系有待完善、学校管理和社会支持需要加强等。这就需要我们在实践中不断摸索、大胆创新，努力破解大概念教学的"瓶颈"，让这一先进理念焕发勃勃生机。

　　撰写这本书，既是对笔者前期研究和实践的系统总结，更是为了引发更多同仁对大概念教学的关注和思考。限于笔者视野和能力的局限，书中观点难免有偏颇或不足之处，真诚地希望专家学者、一线教师批评指正。我期待这本书能成为教育界交流探讨的"敲门砖"，激发大家对相关问题的进一步研究，共同推动大概念教学在我国基础教育领域落地生根、开花结果，为培养德智体美劳全面发展的社会主义建设者和接班人贡献绵薄之力。

　　衷心感谢我的家人在百忙之中抽出时间审阅全书初稿，提出宝贵意见；感谢出版社编辑在书稿修订过程中所付出的辛勤劳动。正是在诸多挚友的悉心帮助和鼓励下，这本书才得以最终成稿并走向读者。再次向所有关心、支持我研究和写作的亲朋好友表示诚挚的谢意！

参考文献

[1] 中华人民共和国教育部.普通高中历史课程标准（2017版)[S].北京：人民教育出版社，2018.

[2] 于友西.深度学习：课堂教学的理论与实践 [M].北京：教育科学出版社，2017.

[3] 陈伟文.核心素养导向的高中历史教学模式建构 [J].历史教学，2016（2）：46-50.

[4] 单中惠.大概念整合：一种有效的课程开发模式 [J].全球教育展望，2016，45（3）：93-101.

[5] 郝芳华.培养学生历史学科核心素养的教学策略 [J].中学历史教学参考，2017（4）：10-12.

[6] 刘志广.基于核心素养的高中历史校本课程开发 [J].福建基础教育研究，2019（5）：84-86.

[7] 石鑫磊.高中历史情境教学的困境及其突破 [J].教学与管理，2018（24）：90-92.

[8] 魏雪梅.高中历史项目式学习的问题与对策 [J].历史教学问题，2020（1）：59-62.

[9] 于善水.问题链教学法在高中历史教学中的应用 [J].中学历史教学，2017（7）：26-28.

[10] 虞宁.大概念教学理论与实践研究 [M].上海：上海教育出版社，2015.

[11] 于友西.世界历史上的五次大概念革命 [M].北京：商务印书馆，2019.

[12] 岳麓书院.大历史：走向21世纪的历史新境界 [M].长沙：湖南人民出版社，2016.

[13] 彭华.如何构建中学历史教学的大概念框架 [J].历史教学，2014(7)：47-50.

[14] 李志宏.历史学科大概念的教学策略研究 [D].上海：华东师范大学，2019.

[15] 章可.大概念引领下的高中历史教学设计与实践 [J].中学历史教学参考，2020(15)：10-12.

[16] 杨光.基于核心素养的高中历史课程开发研究 [D].杭州：浙江大学，2018.

[17] 戴京梁.历史学科核心素养研究 [M].北京：教育科学出版社，2016.

[18] 牛润峰.历史教学论 [M].北京：高等教育出版社，2015.

[19] 刘家楣.论中学历史教学中历史意识的培养 [J].课程·教材·教法，2012(8)：92-96.

后 记

近年来，随着课程改革的深入推进，大概念教学日益受到国内教育界的关注，许多学校开始尝试将其引入课堂教学实践。作为高中历史、政治教师，我们对这一教学理念和方法也产生了浓厚兴趣。我们常常在思考，大概念教学对传统的历史政治教学意味着什么？如何将其与历史政治学科的特点、学生的认知规律相结合？在教学实践中又可能遇到哪些困难和问题？带着这些疑问，我们开始有意识地学习和实践大概念教学，希望能从中找到一些启示和答案。

通过近几年的研究和实践，我们对大概念教学有了更深入的认识。我们感到，这种教学理念很好地回应了时代对人才培养提出的新要求，顺应了学生全面发展的内在需求，为深化历史、政治课堂教学改革、提高教学质量提供了新的思路和抓手。同时，我们也清醒地认识到，大概念教学要真正落地生根，还面临着诸多现实困难，如教师专业能力亟待提升、评价体系有待完善、学校管理和社会支持需要加强等。这都需要我们在实践中不断摸索、大胆创新，努力破解大概念教学的"瓶颈"，让这一先进理念焕发勃勃生机。

本书是重庆市"四史"教育历史课程创新基地研究成果，也是重庆市精品选修课程《红日耀丰都》研究成果。本书是重庆市"十四五"规划课题"新时代'四史'教育融入高中历史教学路径方法研究"（K22YG128607）及"中小学思政课教材内容一体化建设路径研究"（K23YG1280208）研究成果，还是丰都县高中历史及高中政治名师工作室研究成果。

撰写这本书，既是对我们前期研究和实践的系统总结，更是为了引发更多同仁对大概念教学的关注和思考。限于笔者视野和能力的局限，书中观点难免有偏颇或不足之处，真诚地希望专家学者、一线教师批评指正。

本书由陈大斌、陈正武、隆长义担任主编，由李应、陶红英、唐伟、冯小东、杨政、钟永凤担任副主编，负责总体策划，确定指导思想，拟定编写体例和编写提纲。陈大斌、陈正武、隆长义、李应、陶红英、唐伟、冯小东、杨政、钟永凤负责组织协调、统稿审稿、全书校对工作。由白前静、陈江南、陈孟私、陈荣光、陈香、储永胜、邓将、杜依令、邓文梅、付瑜、黄璐、洪霞、黄艳、雷陈蓉、刘光青、李璐、梁群、李莎、刘仕林、罗卫东、刘志惠、牟显田、彭雪、彭远鸿、秦婷雅、盛长发、孙建、苏玉玲、陶翠平、王洁、吴双、许明权、薛婷、徐小凤、杨华容、余勇、张敏、邹世强、郑秀兰、张勇 (按姓氏音序) 担任编委，负责具体编写工作。各章编写和校审人员如下：第一章由陈大斌、白前静、陈江南、陈孟私、陈荣光、陈香负责，第二章由陈正武、储永胜、邓将、杜依令、邓文梅、付瑜负责，第三章由隆长义、黄璐、洪霞、黄艳、雷陈蓉、刘光青、李璐、梁群、李莎负责，第四章由李应、罗卫东、刘志惠、牟显田、彭雪、彭远鸿、秦婷雅、盛长发、孙建、苏玉玲负责，第五章由陶红英、陶翠平、王洁、吴双、许明权、薛婷负责，第六章由唐伟、冯小东、徐小凤、杨华容、余勇、张敏负责，第七章由杨政、钟永凤、邹世强、郑秀兰、张勇、刘仕林负责。

衷心感谢编审校人员的辛勤付出；感谢出版社编辑在书稿修订过程中所付出的辛勤劳动。正是在诸多挚友的悉心帮助和鼓励下，本书才得以最终成稿并走向读者。再次向所有关心、支持本书的亲朋好友表示诚挚的谢意！

编者

2024 年 8 月